티벳 천주

— 작은 공간에 담긴 큰 세계 —

이경재 지음

| 추천사 |

 무더운 여름, 한 편의 글에서 내적 영적 미적 청량 샘물이 콸콸 흘러나온다. 애제자 소운 이경재 군이 수년간 티벳천주를 깊이 연구하더니 모든 이들의 마음을 시원케 할 저서를 냈다.

 몇 년 전 어느 날 나는 혼자 이렇게 탄식했다.
 '제자 얻기가 어렵다는 것을 실감한다. 나한테 와서 청하는 자는 많아도 머물려고 하는 자는 없다.'

 이경재(李京宰, 아호 소운素沄)군.
 나의 연구실에서 그와 첫 상면한 때는 2013년 여름으로 기억하고 있다. 그가 보낸 장문의 메일과 첨부한 기물 사진들을 눈여겨보면서 '이 청년은 요즘 세대에 보기 드문 고완 인재다!' 하는 감이 왔다. 육군장교로 복무 중이던 그는 여건이 허락될 때마다 전방에서 한달음에 달려와 와서 배우고 익히곤 했다.
 "말씀하신 내용 하나하나 석판에 새기 듯 기록하여 마음 속 깊이 새기겠습니다. 풍부한 감성을 가지고 가슴이 하는 말과 글을 사용하겠습니다. 영원의 관점에서 현재를 바라보고, 미래에서 기쁨을 찾으려 하기보다는 매일매일 기쁨을 누리며 주변 사람들과 사랑하며 살려고 합니다." 그 과정에서 인간 됨됨이는 물론이요, 사고의 폭과 깊이, 인생관까지 알게 되었다.

소운 군이 중국 문박수장계를 투명하게 들여다보는 통찰력을 얻게 되었다고 판단되던 어느 날, 그에게 티벳천주를 연구해 전문서적을 출판해봐라 제안했더니 쾌히 받아들였다. 의욕이 강하고 패기 왕성한 인재라서 곧장 실행에 옮겼다. 중국 내 천주 시장을 두루 섭렵하더니 그것도 부족한지 혼자 티벳 여행을 감행하여 장족(藏族)들의 역사와 문화, 신앙, 생활 패턴까지 체득하고 돌아왔다.

　천주의 고유 명칭은 '천강석(天降石)' 즉 '하늘에서 떨어진 돌'이니, 곧 운석(隕石)이다! 운석을 가공하여 별들을 새긴 것이 천주의 원형이요, 이는 일월성신을 중시하던 동이족 문화 산물의 하나다. 동이족의 후예인 소운 군이 이를 규명했으니 우리 한민족의 경사가 아닐 수 없다.

　천주는 신이 내린 선물로 인연이 닿는 사람에게만 찾아온다. 이 책을 통해 많은 분들이 새로운 세계를 만나길 축원한다.

2018년 5월 25일
광동성 심천에서 거행되는
〈제17회중국전국민간수장문화고층논단〉 참가를 앞두고
박찬 / 한국미술감정원 감정위원장, 한국수장가협회 한중문물보호위원장,
한국비봉컬렉션 대표

책을 시작하며

푸른 창공을 날아간다. 드넓은 평지를 달린다. 푸른 들판 위에 풀을 뜯는 염소와 야크, 자연은 그대로이나 세대는 수없이 반복되어 흘러갔다. 티벳의 초원을 걸으며 눈을 감으니, 청장고원을 달리던 옛 사람들의 모습이 스쳐 지나간다.

티벳은 세계의 지붕이라 불리며, 고대 불교의 모습을 고스란히 간직하고 있다. 그래서 신성한 빛을 뿜어내는 성지로 여겨진다. 붉은 장삼을 두른 라마승들이 사람들을 향해 설법하고, 수많은 이들이 오체투지의 자세로 기도한다.

그런 티벳인들의 마음 중심에 있는 건축물이 있는데, 바로 '대소사'이다. 대소사에 모셔진 하나의 석가모니 불상은 가장 성스럽게 추앙받는다. 이 불상의 장식은 찬란한 금빛을 뿜어내는데, 불관 정중앙에 박힌 '티벳천주'는 그 아름다움의 중심이다.

티벳천주는 티벳의 성스러운 보석으로, 크기는 작을지라도 커다란 세상을 품고 있다.

2017. 07. 15
티벳 라싸에서
이경재

| 목차 |

옛 사람이 들려주는 티벳천주 이야기	8
티벳천주의 뿌리를 찾아서	15
티벳천주 제작방법	18
천주의 이름을 정하다	22
천주의 연대, 퍼즐 맞추기	26
〈부록 1 : 고려, 천주를 제작하다?〉	31
천주는 무엇으로 만들어졌는가	35
천주에 장식을 더하다	42
천주에 그려진 각양각색의 예술	44
천주의 형태	67
천주 감상의 모든 것	68
천주 정화의식	79
〈부록 2 : 부탄왕의 혼례〉	80
정품 천주 소개	82
천주, 가짜의 범람	99
티벳천주, 인연을 옮겨가다	103
천주의 가치	108
티벳천주, 현대에 더욱 빛을 발하다	111
천주를 바라보다	114
에필로그	122

옛 사람이 들려주는 티벳천주 이야기

오랜 세월을 지나온 천주는 내면에 불가사의한 힘을 가지고 있다. 예로부터 가장 신비로운 힘을 가진 불교의 독특한 기물로 알려져 있다. 불심이 정말 깊거나 큰 복을 타고나지 않고는 보거나 얻기 어렵다. 자고로 하나의 천주는 좋은 말 한 필과 바꿨다는 이야기가 있다.

천주의 티벳 문자상의 발음은 'DZI'이다. 이는 '장엄하게 되다, 더 우수해지다, 길하게 되다, 부하게 되다, 아름다워지다, 고귀해지다, 우아해지다' 등을 의미한다. 현재에 이르기까지 티벳인들은 보편적으로 천주는 신의 기물로 법력을 강화시킨다고 알고 있다.

티벳 사람들 사이에서 지금까지 내려오는 이야기가 있다. 누군가 전해온 신화와 민족의 의의를 가진 역사이야기이다. 그들은 만물에 영이 깃들어있다고 생각했다. 천신, 산신, 선녀. 이들 모두는 각기 다른 능력을 가지고 있다.

그래서 전하길 "천주"는 천신의 수중에서 인간에게 떨어진 보물로, 재앙을 없애고, 재물을 부르고, 운을 더하며, 복을 부른다는 것이다.

산신이 인간에게 재앙을 없앨 보물을 주다

티벳에는 일찍이 한 분의 정의로운 산신이 있었다. 신비로운 천주를 가지고 샘에서 물이 나게 하며, 사람들에게 닥칠 재앙을 막고, 병마를 없앴다.

다만 어느 날 한 명의 사악한 마녀가 그 샘에 마법을 써서 다시는 물이 나지 못하게 했다. 그래서 천주 눈의 개수는 고정되고, 세상에 흘러 전해졌다.

대식국 보물창고의 보석

천주는 대식국 보물창고의 보석 중 하나이다. 고대 티벳 지역의 수령 격살이왕(格薩爾王)이 천신의 보호 아래 대식국을 공격한 이후 그 나라의 보물창고에서 천주를 획득하여 전사들에게 포상했다.

천주는 티벳 지역에서 대를 거쳐 전해지면서, 이를 지니고 있으면 격살이왕의 힘과 호우천신(護佑天神)의 능력을 가지게 된다.

티벳인 부부가 비밀리 제작한 불보(佛寶)

수천 년 전, 일찍이 히말라야 산맥의 특수한 석재를 채석하던 티벳인 부부가 있었다.

특수한 안료로 티벳 고유의 치료 비법을 담아 문양을 넣었다. 더불어 신령을 받들기도 했다.

이 기법에 쓰인 약물과 안료가 비밀로 전해져, 알아낼 수 없었다. 신들과 소통하는 사람만이 이 안에 담긴 능력을 활용할 수 있었다. 부부가 세상을 뜬 후로 이 제작기술은 사라졌다.

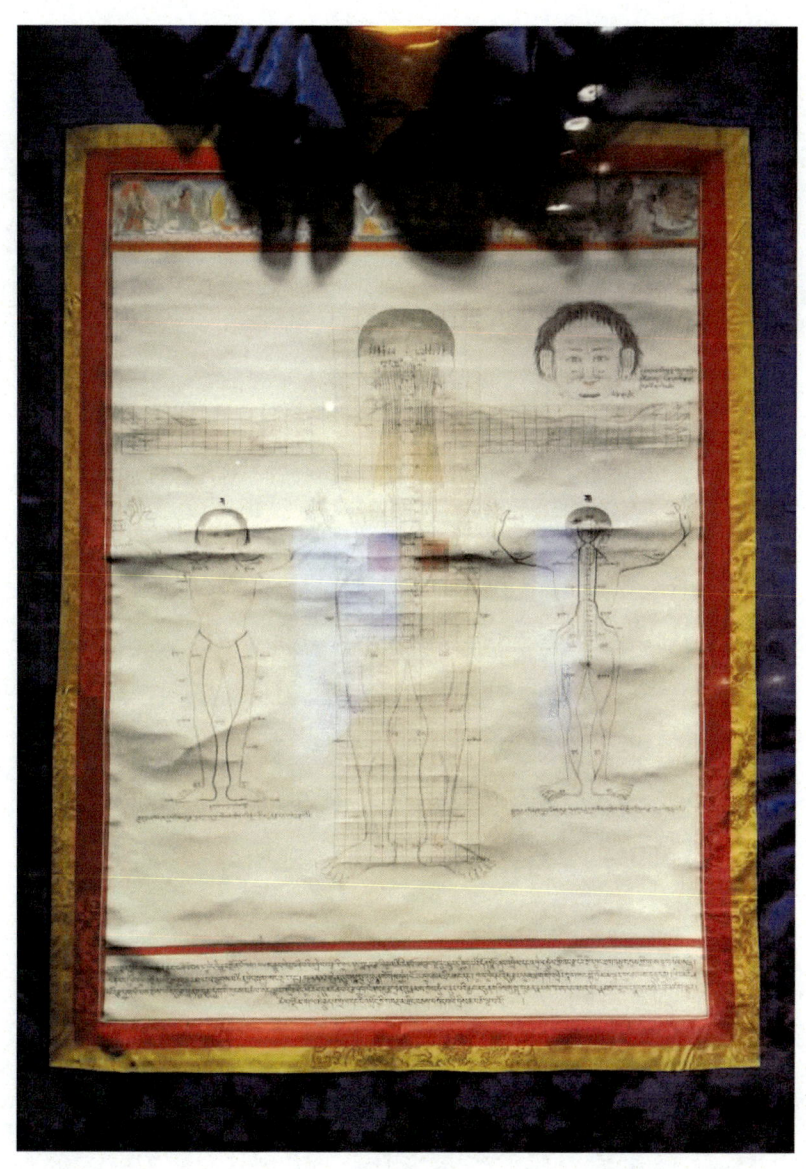

본교의 호신부

고대에 본교의 고승은 네팔 지역에서 밀종의 법도를 구했다.

이 고승은 제자가 학문을 완성한 이후 헤어질 때, 그에게 호신부와 같은 각종 힘을 담은 구슬들을 주었다. 이로서 제자는 여러 사람들을 지키고 도우면서, 능히 불법을 널리 전할 수 있었다.

석가모니 부처의 병사

불교의 시조 석가모니 부처는 일찍이 친히 10만과의 천주를 불교의 병사로 삼아 진을 쳤다. 이로써 엄숙한 육도윤회의 경계와 질서가 바로 잡혔다. 천주는 계속 강해지며, 불연을 넓게 쌓았다.

이와 반대로 전하는 하나의 이야기가 있다.

천성적으로 싸움을 좋아하는 아수라는 천주를 제석천을 대항할 무기로 만들었다. 그런 까닭에 신이 만든 것도 아니고, 하늘의 것도 아니며, 인간의 것도 아닌 물질로 여겨졌다. 그 잠재된 신비한 능력은 호법사나 큰 덕을 쌓은 고승에 의해 정화되어 올바로 사용되었다.

재앙을 막고 운을 부르는 불보

3천여년 전 히말라야 지역에는 큰 전염병이 돌아 많은 이들이 죽었다. 문수보살의 전신인 "만수실리불(曼殊室利佛)"이 마침 이 상공을 지나다 백성들의 참상을 봤다. 이 부처는 마음에 무한한 연민이 생겨, 그들을 도탄에서 구하기 위해 천주를 내려 보냈다. 천주가 흩어져 떨어졌는데 들과 산간에서 천주를 주운 사람만은 그 병마에서 벗어날 수 있었다.

히말라야 생성운동의 산물

원고시기 티베트 지역에는 커다란 바다가 있었다. 히말라야 산의 조산운동 때문에, 해저에 있던 조개류들이 신비하게도 땅으로 올라와 남겨졌다. 계속 마르고 화석화되어 천주가 형성되었다.

우주에서 떨어진 운석

먼 옛날 티베트 땅으로 수많은 운석이 떨어져, 이들은 들판과 산간으로 흩어졌다. 수행자는 형태의 특수성을 보고 이를 모아 단을 쌓았고, 단 위에 앉아 수행했다. 강한 에너지를 담은 이 재질은 수행에 큰 증진을 가져왔다.

천주에 관한 신화를 종합하여 보면 이렇다.

1. 천주는 수호신으로서 사람을 지켜준다.
2. 법력을 증가시키는 효과가 있고, 수련에 도움을 준다.
3. 인연이 닿는 사람에게만 찾아와 복을 불어넣는다.
4. 항마의 작용으로 악과 대적한다.
5. 약용광물로 인체에 유익한 작용을 한다.

신이 인류를 고난에서 건져내고, 흉(凶)을 길(吉)로 바꾸며, 일평생을 지켜준다는 의의를 지닌다.

티벳천주의 뿌리를 찾아서

세월이 지나도 변하지 않는 게 있다. 바로 이름이다. 그렇기에 이름을 고찰하여 보면 많은 정보를 얻을 수 있다.

천주는 한자로 '天珠'이다.
天 : 하늘 천, 珠 : 구슬 주
즉, 하늘이 내린 구슬이다. 천강석(天降石)이라고도 불렸다.

하늘에서 떨어진 돌이 무엇인가? 운석이다. 그렇다, 운석이 천주 최초의 모습이었을 것이다.

지금으로부터 약 6000년 전 현재 중국의 동북지역에는 '홍산문명'이 존재했다.

고대인들은 어느 날 하늘에서 떨어진 돌을 보고 무척 신성하게 여겼을 것이다. 그리고 그와 비슷한 재질이 땅에 많이 있음을 확인하고 이를 가지고 다양한 예술을 남겼다. 그들이 숭배하던 대상의 형태로 깎아 조각상을 만들고, 제사를 지낼 때 착용할 신성한 의미를 담은 장신구들을 만들었을 것으로 생각된다. 하늘과 소통하길 염원했던 그들에게 가장 매력적인 재질은 하늘에서 내려온, 바로 운석이었다.

도안은 날카로운 공구를 이용해 새겼고, 도안의 종류는 원이 추상적으로 배치되어 있는 경우가 가장 많다. 이 원은 후대에 부처님의 성안(聖眼)으로 여겨지나, 고대엔 하늘에 무수히 수놓았던 아름다운 별을 의미하지 않았을까 추측해본다.

운석 이외에도 그 당시 조각에 주된 재료였던 옥으로도 천주를 제작했다. 수암옥 계열의 옥에 도안을 새겼는데, 도안의 형태는 원시적이다.

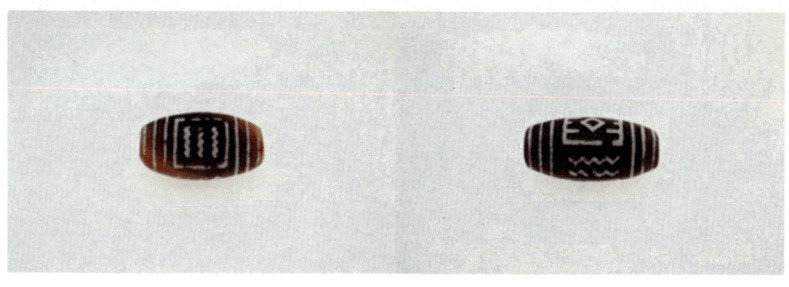

과거 천주연구자들은 티벳천주의 기원을 서아시아에서 찾았다.

기원전 2000년경 이란에서 홍옥수에 천주공예가 행해졌고, 인도를 거쳐 티벳에서 티벳천주로 꽃을 피웠다고 주장한다.

20세기 중반 서양학자 Horace Beck과 M.G.Dikshit의 주장에 무게를 두고 이후 계속 위의 사실이 정설로 굳어졌다. 그들이 본 홍옥수는 사실 홍마노이며, 학설은 홍산시기 천주가 발견되면서 다른 학자들에 의해 뒤집힐 것이다.

현재 중국 동북지역의 홍산인들에 의해 시작된 천주제작은, 그들의 이동경로를 따라 서아시아로 퍼져나갔고, 현재의 티벳 아리 지역에 존재했던 상승왕조와 토번왕조 때 가장 크게 꽃피웠다.

티벳천주 제작방법

티벳천주는 어떻게 제작되었는가?

사실상 티벳천주 제작에 대한 노하우가 실전되었기에, 제대로 된 제작과정을 언급한 서적과 자료는 없다.

위 기물을 통해 과거의 천주공예를 되짚어보려 한다.

사진의 천주 또한 미완성 같아 보이나, 완성품이다. 일반적으로 천주는 패용이 가능하게 제작되나, 위와 같이 평평한 바닥에 올려놓고 기도하는 매개체로 제작되기도 했다.

1. 천주 제작에 앞서 질 좋은 마노 원석을 선별한다.
2. 패용하기 알맞은 형태로 조각한다.

3. 도안을 구상한다. 입체에 도안을 넣어야 하기에 3차원적 예술 사고가 필요하다.
4. 스케치를 한다. 천주는 도안의 균형감이 조금만 틀어져도 보기 좋지 않기에, 일필휘지 할 수는 없었다.
5. 정교하게 넣은 윤곽을 따라 염료를 시문한다. 바탕의 어두운 색과 도안의 흰색을 한번에 넣기도 하고, 시간과 순서를 달리하기도 했다.
6. 적정 온도에서 구워 재질에 염료를 흡착시킨다. 너무 높은 온도에서 지속적으로 열을 가하면 마노가 깨지고, 너무 낮은 온도면 염료가 제대로 흡착되지 않는다.
7. 이물질이 엉기지 않도록 깔끔한 환경에서 냉각시킨다.
8. 도안의 의미에 맞게, 착용자에게 좋은 영향을 미치도록 고승에게 기도를 부탁한다.

뒷면을 보면 수정 재질과 섞여있는 마노를 볼 수 있다. 마노는 석영질광석이다. 수정과 조금의 분자 배열이 다를 뿐이다. 그렇기에 위와 같은 현상이 나타나는데, 수정에는 염료가 흡착되지 않는다. 이것만 봐도 천주를 제작하기에 앞서 재질을 선별하는 데 얼마나 어려움을 겪었을지 알 수 있다.

천주 제작에 있어 또 다른 중요 요소로 투공방식이 있다. 마노의 경도는 대략 7, 이 단단한 재질에 어떻게 구멍을 뚫었을까?

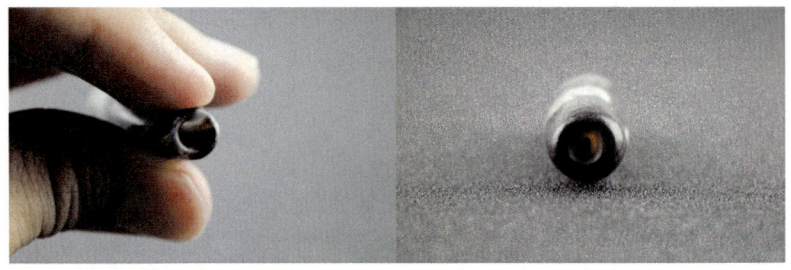

천주를 가로지르는 구멍의 크기는 동일하지 않다. 크게 뚫린 경우도 있고, 작게 뚫린 경우도 있다. 이는 제작된 시기와 제작된 지역에 따라 차이가 난다.

가장 원시적인 방법은 손에 날카로운 물체를 들고 돌려 파는 것이었다. 갈퀴 형태의 공구로 긁어서 파기에는 어려웠을 것으로 추정된다. 돌려서 팔 때 한쪽 면에서 끝까지 파기는 어렵기에, 윗면에서 중간 정도까지 파고 아랫면에서 다시 중간 정도까지 파서 구멍을 뚫는 형식으로 여겨진다.

그렇기에 몇몇 천주의 단면을 보면 중간에서 가까스로 구멍이 연결된 현상이 관찰된다. 물론 투공기술이 더욱 발전하여, 한쪽에서 끝까지 한번에 구멍을 뚫기도 했을 것이다.

구멍은 나팔관 형태로 뚫려있기도 하고, 직선 원통형으로 뚫려있기도 하다. 구멍이 큰 경우가 손으로 제작하기 용이하고, 구멍이 정교하게 뚫린 경우 공구를 이용했을 가능성이 크다.

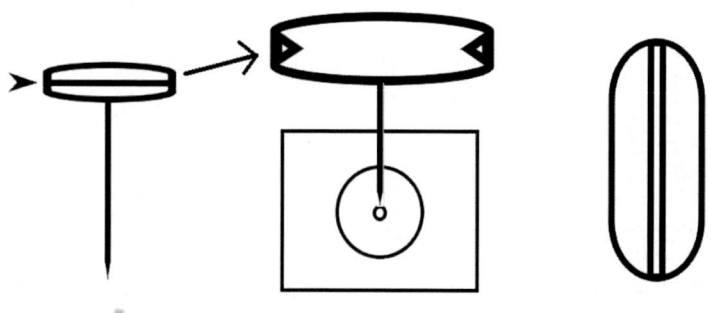

과거 청동기 시대만 하더라도 공구를 이용하는 기술이 대단했다. 주물을 이용해서 형태를 만드는 수준이었는데, 깍고 구멍을 내는 정도는 어려운 일이 아니다.

공구를 이용해 천주에 구멍을 낼 때는 먼저, 천주를 고정시켜야 한다. 원통 형태가 수직이 되도록 목제 틀을 이용하거나, 간단하게는 단단한 돌 사이에 끼운다. 단단하고 길쭉한 형태에 끝이 뾰족한 재질을 원형 틀에 끼우고, 원형 틀 중간에는 홈을 판다. 그 홈에 끈을 대어 손으로 끈을 잡아당겼을 때, 빠른 회전이 가능하게 한다. 고정된 천주의 윗면에 뾰족한 부분을 대고, 끈을 잡아당겨 빠른 속도로 재질을 판다.

천주의 이름을 정하다

 이름을 붙인다는 건 쉽지 않으나, 무척 중요한 일이다.
 한 아이가 태어났을 때 그 아이의 이름을 무엇으로 할 것인가? 여기엔 부모의 혈통을 이어받았다는 표시인 성(性)씨, 이름에는 아이가 어떻게 커나가기를 바라는 염원이 담겨 있다. 사물 또한 마찬가지이다. 핸드폰을 예로 들면, 핸드(hand)와 폰(phone)의 결합으로 '손에 들고 다니는 전화기'를 의미함을 알 수 있다.
 첫인상이 중요한데, 이름은 사람 혹은 사물의 정체성을 가장 먼저 다른 이에게 전하는 요소이다.

 옛 기물은 과거 누군가가 무척이나 사랑하여 죽을 때까지 함께 하고 싶었던 물건이다. 그렇기에 현대에 이를 재조명할 때 정확한 명칭을 부여해야 그 기물을 제대로 알릴 수 있다. 또한, 이름을 제대로 붙일 수 있다는 것은 기물을 정확히 알고 있다는 사실의 반증으로, 수장가가 반드시 갖추어야 할 자질이다.

 천주의 이름을 붙이는 방법은 다음과 같다.

제작주체 혹은 연대 + 재질 + 장식 및 제작기법
+ 보조도안 + 주도안 + 형태

위와 같은 천주의 편년은 당나라 시기이다. 재질은 마노, 제작상의 특이사항은 없다. 보조도안은 없고, 주된 도안은 수문이다. 물결이 다섯 갈래로 흐르고 있기에 오수문(五水紋)이라는 명칭이 더욱 정확하다. 형태는 일반적인 타원형 형태이다. 그렇기에 위 천주의 이름은 다음과 같다.

"당 마노 오수문천주"

"당 마노 보병원형천주"
제작시기는 당대, 재질은 마노, 제작상의 특이사항 및 보조도안은 없다. 주도안은 보병, 형태는 작은 원형이다. 이와 같은 형태는 티벳어로 '다루어'라 발음하여, "다루어천주"라고 부를 수도 있다.

천주를 제작한 시기는 당나라 시기, 은을 이용해 선을 표현하고 보석을 박은 시기는 청나라 시기로 추정된다. 그래도 기본적으로 처음으로 제작된 시기를 명명한다. 재질은 마노. 제작상의 특이사항으로 흰색 윤곽을 따라 선을 파서 은을 넣었고, 보석을 박았다. 이 기술은 은 입사, 보석상감으로 표현한다. 보조도안은 없으며, 주도안은 9안이다. 형태는 보편적인 타원형이다. 그렇기에 명칭을 부여하면

"당 마노 은입사보석상감9안천주"

마지막으로 하나의 예를 더 들어보자.

붉은색 천주는 흑갈색을 띠는 천주 다음으로 많이 보이고, 연대는 한대~당대로 여겨진다. 재질은 마노, 제작상 특이사항으로 바탕색을 붉은 색으로 염색했기에 붉은 홍(紅)에 바탕 지(地)를 써서 "홍지"라 한다. 부처님의 성안인 눈이 있는 경우, 이를 주도안으로 하고 나머지는 보조도안이 된다. 여기서 양 옆에 흐르는 물은 보조도안, 그리고 원을 감싸고 있는 마름모형태는 금강안이라 하며, 그 안에 원이 들어가면 '금강안중안(金剛眼中眼)'이라 명명한다. 주도안인 성안의 수는 4이다. 그렇기에 명칭을 부여하면

"한대~당대 마노 홍지쌍수문4금강안중안천주"

마지막 예의 천주의 경우, 명칭 부여가 약간 복잡하여 도안을 명명할 때 '특수'라는 단어를 사용하여 특수4안이라고 하기도 한다. 하지만, 명칭을 구체적으로 부여할수록 기물의 정체성이 분명해지니 명칭을 구체적으로 붙이는 습관이 필요하다.

추가로 천주의 범주에 대해 논하자면, 작게는 타원형의 마노 재질에 도안이 표현된 형태에서 크게는 동일한 제작방법으로 여러 재질을 이용해 제작한 다양한 형태의 기물까지라 할 수 있다.

천주의 연대, 퍼즐 맞추기

 2015년 3월 10일 티벳 아리(阿里)지역에서 중대한 사건이 일어났다. 전설상으로만 전해진 천주의 실체가 고고학자들에 의해 공개 발굴된 것이다. 이 사건을 요약하면
 "출토 지역은 굽어진 논의 묘지로, 위치는 티벳 아리지역 예달현 서쪽 교외 언덕의 평탄한 땅이다. 이 묘지의 연대는 약 1800년 전으로 여겨진다. 발견된 천주는 사람의 뼈 가운데 있었다. 구체적인 위치를 보니, 그 주된 역할은 장식을 하기 위함이었다. 천주를 패용했던 사람의 성별과 연령은 정확하게 확인할 길이 없다. 다만 나무 빗, 동경, 방직공구 등에 착안해 판단해보니, 천주를 착

용했던 이를 여성으로 추정할 따름이다. 그 천주의 형태는 올리브 열매 형태이고, 양 끝 단은 평평하며 구멍이 뚫려있다. 길이는 2.85cm, 직경은 0.5cm~0.9cm, 구멍의 크기는 0.2cm. 짙은 갈색으로 윤기 있는 백색 사이에 문식을 이루고 있다. 위아래 서로 마주보는 백색의 삼각형 문양이다. 중간의 갈색부분은 물결무늬를 이루고 있다. 양 끝 단의 갈색 띠를 사이로 너비는 약 2.5cm이다. 그 연대는 기원 후 3세기전후. 이는 청장고원지역에서 명확한 연대를 확인할 수 있는 가장 이른 천주이다."

역사적 기록을 살펴보면 《신당서新唐書》 권230 《열전상列傳上·토번상吐蕃上》에 다음과 같이 기록되어 있다. "관원들의 장식 중 최상은 슬슬瑟瑟, 금이 그 다음, 금 위에 은이 입혀진 경우가 그 다음, 은이 그 다음, 가장 낮게는 동 재질에 이른다." 당나라 사신이 토번국을 방문하고 기록한 최상의 장식 '슬슬'이 바로 천주이다.

 당나라 문성공주는 토번왕 송첸캄포에게 시집갈 때, 가장 진귀한 보물인 석가모니부처 12세를 본뜬 불상을 모셔갔다. 장안에서 티벳까지 천리 길을 가서 대소사에 공양했다. 그 불관과 망토에는 수많은 진주, 마노, 녹송석, 산호 및 천주가 박혀있다. 아름다움은 이루 말할 수 없다. 특히 불관에 있는 3과의 9안천주가 귀하며, 기타 천주 백여 과를 함께 장식했다.

탑파사(塔波寺), 기원 후 996년 건립되었다. 티벳 서부에 위치하며 역사상 고격왕조(古格王朝)의 왕가사원에 해당한다. 오늘날 인도의 관할 하에 있다. 탑파사에는 많은 벽화가 남아있다. 그림의 풍격은 카슈미르 풍에 큰 영향을 받았다. 벽화의 내용은 불교의 신령과 세속의 고사 위주이다. 예로 라마교의 집회, 왕실귀족 등이다. 자료의 벽화는 10세기 혹은 11세기로 추정된다. 그림 중 18분의 귀족은 당시의 전형적인 히말라야 지역 장식을 하고 있다. 많은 천주와 다양한 패식을 착용했다. 신령이 운집하여 보우하길 기도한다.

티벳천주에 대한 공개발굴과 역사적 기록이 있지만, 수천 년을 이어온 천주문화에 대해 설명하기엔 턱없이 부족하다. 그렇기에 천주의 연대에 대해서는 아직 풀어야 할 수수께끼들이 많다. 역사상 번성한 시기, 그리고 비슷한 시기 출현 각종 재질의 장식품들과 비교하여 연대의 퍼즐을 맞추어 가야 한다.

〈 부록1 : 고려, 천주를 제작하다? 〉

고려는 불교왕국이다. 또한 원나라와 밀접한 관계를 가졌다.
원나라는 티벳불교를 숭상했다. 고려의 불교 또한 상당 부분 원나라의 영향을 받았다.

고려 26대 왕 충선왕은 권력싸움에 휘말려 원나라 황제에 의해 티벳에 가서 불경을 공부하라는 명목으로 티벳으로 유배를 가게 된다. 가는 길이 얼마나 고되었는지 18명의 신하 중 한 명은 중간에 도주했고, 티벳 샤가사원에 도착하기까지 걸린 시간은 10개월이었다.

충선왕과 신하들은 1년 7개월을 티벳에서 머물면서 그들의 문화를 익혔다. 고려사에 그들의 티벳 생활에 대한 기록은 남아있지

않지만 장기간의 티벳 생활 속에 그들은 티벳의 보석 '천주'에 대해 알게 되었을 것이다. 아니, 원나라 또한 티벳천주를 알았기에 이전부터 고려도 알고 있었을 거라 생각된다.

티벳 생활 속에서 그들은 천주의 의미와 장식적 아름다움에 더 깊이 눈을 떴을 것으로 여겨진다. 고려로 돌아와서 자국만의 천주를 만들어 보려고 노력하지 않았을까?

고려의 청자, 불교미술. 예술과 관련하여 고려는 어느 하나 빠지는 부분이 없다. 고려는 예술왕국이었다.

이 풍격의 천주는 일반 마노 천주와 완전히 느낌이 다르다. 그렇기에 박찬 선생님께서 의문을 제기했다.

'이건 티벳이 제작한 게 아닌 것 같은데? 고려 아니야?'

그렇다. 이 천주는 완전히 다르다. 중국의 천주 전문가라는 사람들도 이 천주의 등장에 당황했다.

재질을 파서 염료를 집어넣었다. 상감기법. 파서 집어넣는 데는 고려가 선수 아니었는가? 투공 방식 또한 독특하다.

남아있는 고려의 유물 중 마곡사 오층석탑, 낙산사 칠층석탑 상륜부에도 티벳불교 문화의 흔적이 남아있다.

천주는 무엇으로 만들어졌는가

천주의 재질은 오랜 역사와 맞물려 무척 다양하다. 중국의 대수장가들과 교류하며 깨달은 사실은 '천주'가 작은 주제가 아니라, 큰 주제라는 사실이다. 중국의 옥기, 도자기, 청동기와 어깨를 나란히 할 만큼 종류도 다양하고 수량도 적지 않다.

천주는 착용자의 신분을 상징할 뿐 아니라, 더욱 멋져지고 더욱 아름다워지기 위해 착용했다. 그렇기 천주는 당시 가장 귀하게 여겨지는 재질을 가공하여 제작되었다. 현재의 티벳지역을 중심으로 과거부터 오늘에 이르기 까지 어떤 재질들이 귀하게 여겨졌는가? 마노, 녹송석, 홍산호, 차거, 금, 은, 청금석 등이 있다. 아직 세상에 등장하지 않은 천주 중에 당시 귀한 재질을 고려하여, 존재할 가능성이 있는 천주를 유추할 수도 있다.

현재까지 확인한 천주의 재질은 다음과 같다. 마노, 전사마노, 흑마노, 홍마노, 녹마노, 남마노, 녹송석, 청금석, 나무화석, 유리, 철질운석, 감람운석, 옥, 법라, 구안석패암, 비취 등.

　마노는 천주의 재질 중 가장 많은 비율을 차지한다. 경도는 6.5~7이며, 비중은 2.65이다. 반투명 혹은 불투명하며, 석영질옥석 중 은정질석영암으로 분류된다. 주요 성분은 이산화규소이며, 수정의 화학성분과 같다. 마노와 가장 비슷한 특성을 가지는 재질로 옥수가 있는데, 재질에 줄무늬가 보이는 경우가 마노이다. 마노천주는 반투명한 흰색 위에 염료를 입힌 종류가 많다. 물론 전사마노 천주와 같이 보석 결정이 만들어낸 자연스런 결이 문양을 이루는 경우도 있다. 붉은 빛을 띠는 천주는 홍마노 재질로 제작된 경우가 많고, 반투명한 마노에 홍색 염료로 공예를 한 천주도 존재한다. 공예를 거쳐 색을 바꾼 것과 본래 재질 자체의 색인 천주를 구별하는 방법은 천주의 단면을 보는 것이다.
　불교의 7대지보 중 하나로 예로부터 수많은 이들의 사랑을 받았다.

    법라천주는 바다 속의 조개화석이 억만년 지나 옥처럼 변화 형성되어 나타났다. 이는 14종의 원소를 함유하고 있는데, 그 중 이테르븀이 있어 법라천주는 자기장이 강하다.

    불교문화 중 "소라"는 특수하다. 소라 소리는 멀리서도 들려 모든 중생에 이른다. 천수관음보살은 그 중 한 손에 소라를 들고 있다. 중생들에게 신의 뜻을 전하는데 사용된다. 또한 여러 신들을 부르는데 이용되기도 했다.

    법라천주는 중국 내 2군데 지방에서 발견된다. 하나는 요녕(遼寧)지역, 가장 큰 특징은 소라의 몸체 크기가 비교적 크다. 이 산지의 기물은 양이 많기에 가격이 비교적 낮다. 질이 높은 기물은 비교적 적다. 이런 이유로 요녕 지역의 완전한 아름다움을 가진 기물은 무척 높은 가치를 가진다. 다른 산지는 히말라야 산 일대이다. 가장 큰 특징은 소라의 크기가 매우 작고 밀집되었다는 점이다. 질이 좋고 색채가 풍부하다. 티벳대소사의 국보 9안천주가 바로 이 종류이다. 이 종류는 천주 원석이 히말라야 상류에서 멈

추지 않고 내려오는 물에 의해 본체가 기괴하게 변했다. 그것은 생명을 들어 열반에서 영생에 이르게 함과 같다.

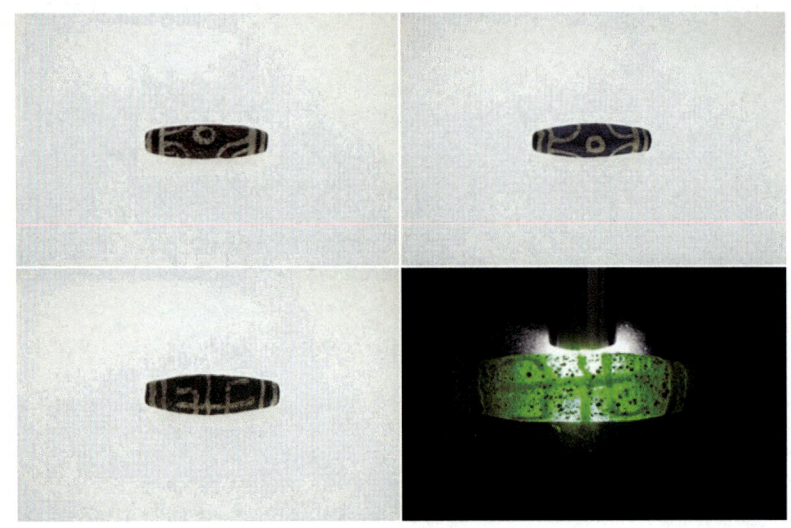

유리천주, 유리 재질의 기원은 상당히 오래 전으로 거슬러올라간다.

대표적으로 전국시기 '청정안蜻蜓眼'이 있다. 푸른 정령으로 신성히 여겨지기도 했으며, '청정'이라는 글자는 한문상 의미로 잠자리를 의미한다. 즉, 푸른빛을 내는 잠자리 눈.

재질은 유리, 이를 고대유리라 할 수 있다. 색채, 도안은 헤아리기 어려울 만큼 다양하다.

청정안은 전국시기 초나라의 보물. 유명한 옥벽 '화씨지벽'과 더불어 '수후주'라 불리며 당대 보석의 양대산맥을 이루었다.

이 시기와 맞물려 등장한 기물이 '유리천주'이다.

아주 이른 시기 등장한 유리천주로는 대표적으로 위와 같은 종류를 꼽을 수 있다.

유리천주의 매력은 겉만 봐서는 알 수가 없다. 빛을 비춰 봐야 한다. 독특한 유리공예에 오랜 세월의 흔적이 맞물려 영롱한 빛을 뿜어낸다. 고대유리는 보석으로 간주해도 손색이 없다. 고대유리 다음 세대로 여겨지는 유리천주는 실크로드 길목에서 발견되기도 한다.

티벳불교에서 유리는 하나의 성스러운 재질이기도 하다. 그렇기에 명청시기엔 유리재질의 불상이 등장한다. 그 이전에도 다양한 유리공예가 성행했을 것이다. 이 유행이 하나의 문화로 자리잡고 천주에도 도입되었을 것으로 여겨진다.

중국 연구자들의 연구에 따르면 옛 유리공예는 상당히 복잡하다고 한다. 불속에 들어갔다가, 물 속에 들어갔다가… 최소한 하나를 제작하는 데 십여 일에서 이십일 정도 시일이 걸렸을 것으로 추정된다. 이 모든 과정을 수공예, 거기에 뜨거운 열 속에서 이루어지기에 상당 부분 운에 의지하기도 했다.

또한 중국 내에서 유리천주의 의미는 다음과 같이 알려졌다.

1. 병을 물리친다.

수행자들에게 유리는 약사불의 화신으로 인식되었다. 사악한 기운을 물리치고, 건강과 복을 부른다.

2. 강인하게 하다.

불로 사르는 과정 속에 어려움을 이기고 제작된 유리천주는 착용자를 단련시키며, 강인한 기운을 얻게 한다.

3. 영감을 주다.

색채가 오묘하며, 몽환적인 아름다움을 품고 있다. 예술적인 미감이 사람에게 미적 미감과 지혜를 준다.

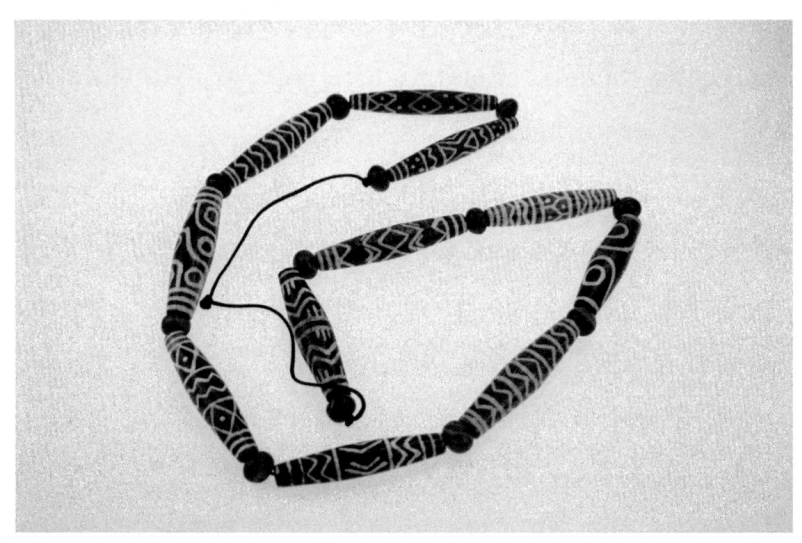

나무화석 재질의 방제극(邦提克, 중국어 발음 방티커)천주는 강족羌族의 다신종교와 자연생활에 맞닿아 있다. 이는 기도를 위한 하나의 패식으로, 자연숭배자의 원시 제물이었다. 원시 강족의 후예는 이를 "mahooya"로 불렀고, 흠인(미얀마 민족)은 또한 "heirlooms"로 불렀다. 외국에는 보통 "邦提克(pumtek)"으로 알려졌다. 나무에서 목화석에 이르기까지 수많은 세월의 화학물리적 변화과정이 필요하다.

등장하는 도안은 해, 달, 별, 산, 물, 번개, 동물 등 다양하다. 이 모두 특수한 의미를 신봉하고 있다. 다른 지역, 다른 주체에 의해 제작되었기에 독특한 도안과 미감을 가지고 있다.

알려지기로 대략 3억년 전 큰 화산폭발이 일어났는데, 당시 나무들이 화산재에 묻혔다. 그 후 오랜 시간이 지나면서 여러 물질이 나무에 침투해 옥석과 같이 굳어졌다고 한다. 경도를 측정했을 때, 마노보다 더 높은 경도가 측정되기도 한다. 이는 양이온과 음이온이 평형을 이루게 하고, 몸의 기운을 조절한다. 선한 생각을 불어넣는, 자비의 마음이 담긴 천주이다.

요기料器천주, 중국어 발음 '리아오치' 천주는 인공합성료이다. 히말라야 마노가 귀해지자 이를 보완하기 위해 등장했다. 사람이 만들 수 있는 재료, 셀룰로이드. 셀룰로이드 제작기술은 1869년 미국에서 발명되었다. 이 기술이 도입된 시기로 미루어 1900년 전후 제작되었을 것으로 추정된다

연대는 그렇게 깊지 않으나 독특한 재질이기에 희소성은 있다.

마노천주와 얼핏 비슷해보이나 질감이 완전히 다르다. 미감은 마노천주에 비해 떨어진다. 빛을 비추면 기포가 보인다.

천주에 장식을 더하다

티벳 사람들의 미감은 다채롭다. 형형색색의 색들을 아름답게 조화시켜 새로운 예술을 창조해낸다. 예로부터 하늘과 가장 맞닿아 있으면서 선명한 색채를 보아온 그들은 타고난 미감을 가지고 있다. 그렇기 보석공예에 있어서 독보적인 기술로 천주를 제작해왔고, 이를 더욱 착용하기 알맞게 장식을 더했다.

천주를 장식함에 있어서 크게는 두 가지 방법이 있다. 하나는 원재료에 변화를 주는 방법, 다른 하나는 원재료를 유지하면서 장식을 덧붙이는 방법이다.

 도안의 윤곽을 따라 파내고 금이나 은은 집어넣는 방법을 입사(入絲)라 하고, 도안 중간에 작은 원을 파내어 둥근 보석을 박아 넣는 방법을 상감(象嵌)이라 한다. 한 면은 그대로 두고, 다른 면에 관음보살, 포대화상, 재신 등을 날카로운 공구로 새겨 넣은 천주는 조각(彫刻)된 것이다.

 9안천주의 3분의 2를 이용하여 재구성한 천주. 왕관형태의 장식을 더하여 왕족의 권위를 더하였다. 금, 은, 백동, 황동, 구리 등의 장식물을 천주에 덧붙여 착용하기도 했다. 대표적 형태로는 탑, 불상, 양 끝 단에 추상도안이 표현된 장식물을 끼운 경우도 있다.

천주에 그려진 각양각색의 예술

보석에 무언가 표현된 도식을 본 적이 있는가? 다이아몬드, 사파이어, 루비, 에메랄드 등 형형색색 보석들의 빛깔은 많은 이들의 마음을 사로잡는다. 그에 비해 마노는 경도도 이런 보석들에 미치지 못하고, 희소성도 떨어진다. 그런 마노 재질의 천주가 어떻게 세상 사람들의 이목을 끌었는지, 답은 도안에 있다.

티벳의 옛 천주 공예가들은 하늘을 둥근 원으로, 땅은 네모로, 산은 삼각형으로, 형상들을 작은 공간에 담기 위해 추상화시켰다. 도안에 등장하는 소재들은 티벳불교의 깊은 역사를 이야기하고 있고, 착용하는 이의 염원이 담겨있다. 선들이 서로 얽혀 공간을 만들고, 여기에 부처의 성안이 공간을 채우곤 한다. 천주의 대표적 도안인 부처님의 성안은 1안에서부터 수 십안, 크기가 큰 경우 백안이 넘게 표현되어있기도 하다. 천주에 표현 된 '눈(眼)의 문화'는 고대로부터 악한 힘에 대항하기 위한 호신부의 작용을 했다.

중국에서 천주에 대해 출판된 여러 책을 보면 도안에 대해 다양한 이야기를 하고 있지만 정설은 없다. 왜냐하면 천주의 도안을 그려놓고, 도안에 대한 해설을 기록한 서적이 발견되지 않았기 때문이다.

　북경의 대수장가 수이리촨(隋立川) 선생님이 수장한 상승시기 유물엔 도안과 문자가 함께 등장한다. 첫번째 그림의 문자는 팔자진언으로 "옴 마 즈 모 예 사 례 더", 두번째와 세번째 사진의 문자는 육자진언으로 "옴 마 니 파드 메 훔". 이는 관세음보살을 부르는 주문으로, 목숨이 짧고 병이 많은 것에서, 번뇌가 많음에서, 복이 적음에서, 생활의 압박이 큼에서, 욕망에 따른 어려움 속에서, 불법을 익히고 좌선하기에 시간이 부족함에서, 윤회의 고통에서 벗어나기 어려움에 도움을 주기 위한 의미가 담겨있다. 그렇기에 여러 도안이 가진 특수한 의미의 바탕에는 위와 같은 의미가 내포되어 있다.

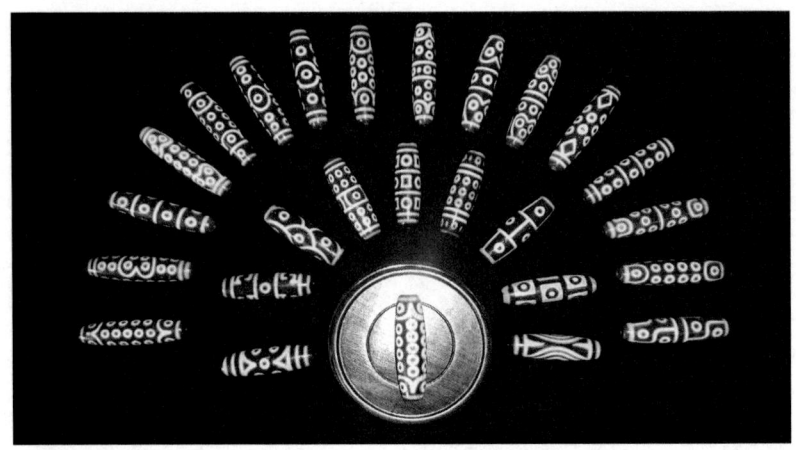

　하늘을 무수히 수놓은 아름다운 별들이 작은 공간 안에 담겨 있다. 티벳의 신비한 종교적 색채와 결합하여 부처님의 성안으로 표현된 이 작은 원들은 천주 도안의 주류를 이룬다. 손의 중지에 해당하는 크기에는 40안 정도까지 도안이 표현되어 있다.
　천주 눈의 수에 대해서는 각 천주 연구자들마다 의견이 다양하다. 어떤 이들은 중국의 숫자 개념과 결합하여 해석하기도 하는데, 티벳 사람들이 예로부터 생각한 숫자를 고려하여 해석한 이들의 주장이 더욱 믿을 만 하다. 티벳불교에는 여러 수호신들이 현세와 후세를 주관한다. 그들의 역할은 각각 달랐으며, 티벳불교를 신봉하는 이들은 그들을 숭배하며 그 힘이 필요할 때 더욱 신들을 찾았다. 그렇기에 개인적으로 천주에 등장하는 부처의 성안은 수호신을 의미한다고 생각한다. 티벳에서 사용한 숫자와 그에 대응하는 수호신이 있었을 것이다.
　9안천주를 예로 들어 보면 다음과 같이 다양한 공간 속에 9개의 원이 그려져 있다.

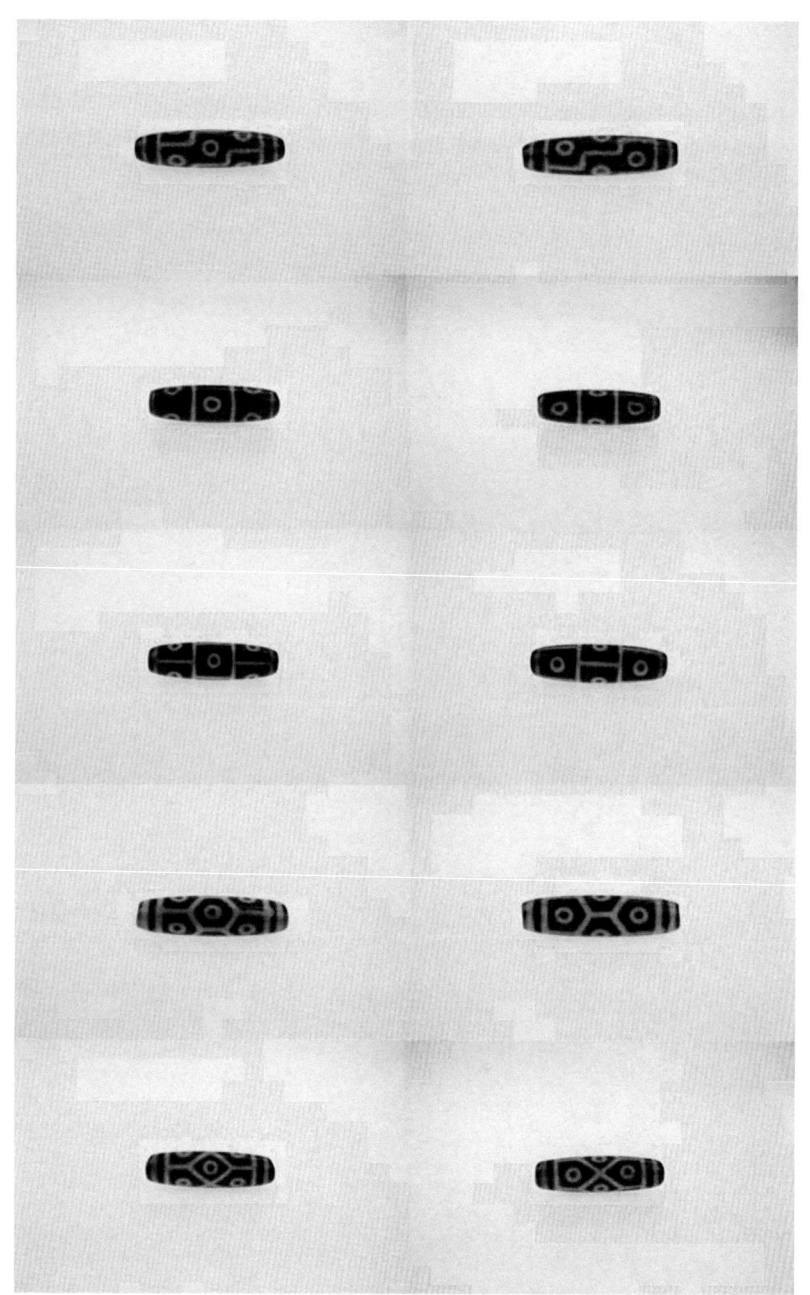

티벳천주, 작은 공간에 담긴 큰 세계

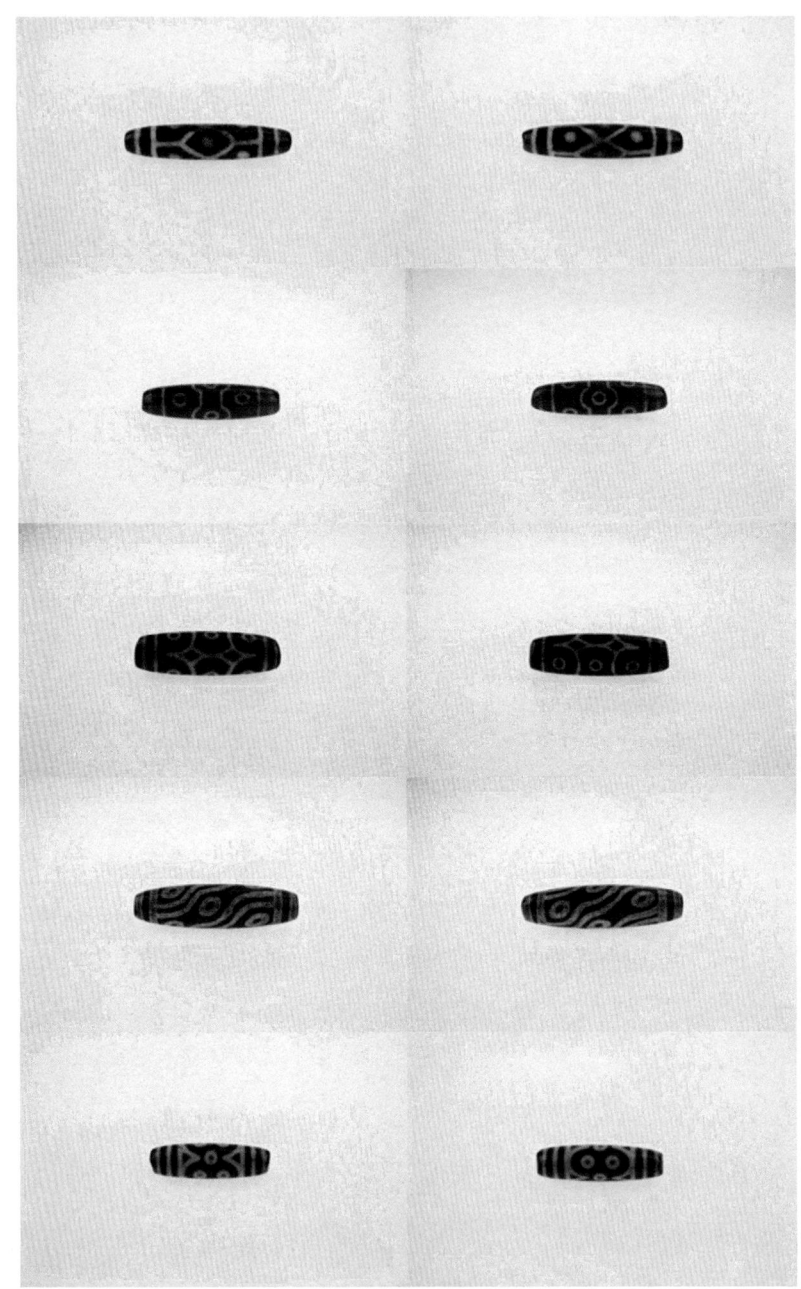

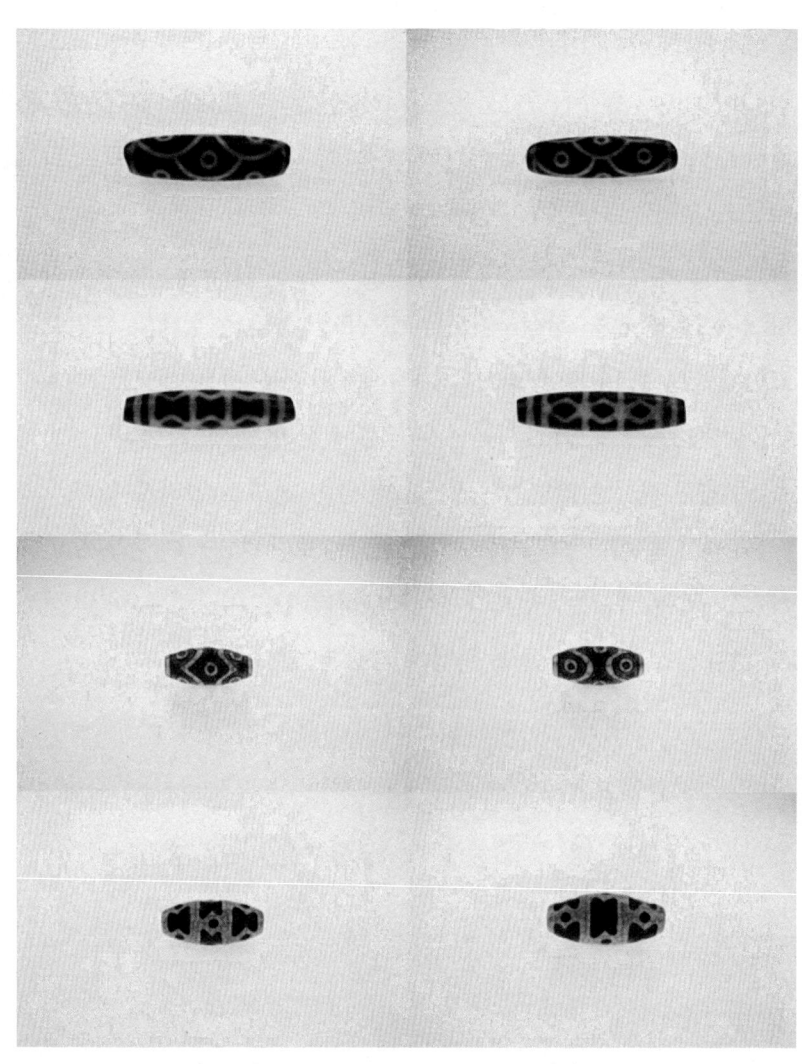

하나의 도안이 이렇게 다양할 수 있는 것은 천주공예가 예술이기 때문이다. 천주공예가들은 당시 사람들의 기호에 맞게 수많은 형상을 고민했을 것이다. 하나의 선을 가로로 그어보고, 세로로 그어보고, 원을 그 공간 속에 넣어보며 균형감과 미감을 고려했다. 그들은 수요에 따라 공급량을 결정했는데, 9안천주가 당시 석가모니 불상의 불관을 장식하기도 하고 또한 수많은 형태의 도안으로 표현된 것으로 미루어 과거에 가장 큰 사랑을 받은 것으로 여겨진다. 9안천주는 집중력을 높여주고, 자비심과 공덕을 늘리며, 이익을 극대화 시키는 강한 기운이 담겨 있는 천주로 알려져 있다.

1안에서 수십 안에 이르는 천주들은 보통 하나 이상의 도안을 가지고 있어, 똑같은 형태가 아니라 하더라도 이상하게 여길 필요가 없다. 대표적인 이들의 문양은 다음과 같다.

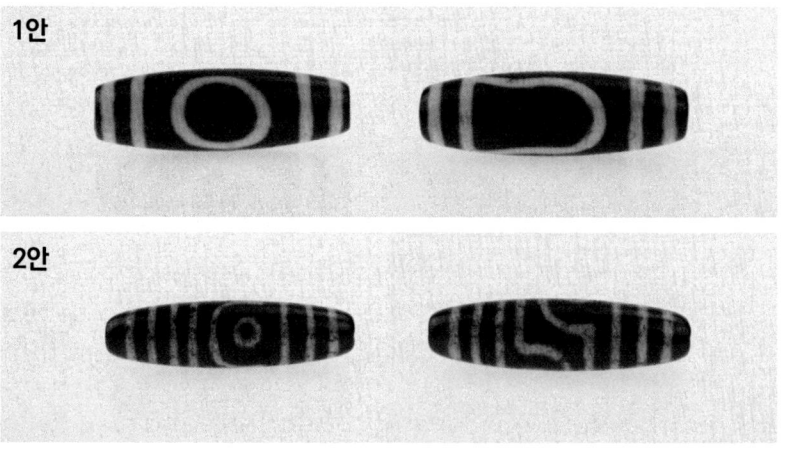

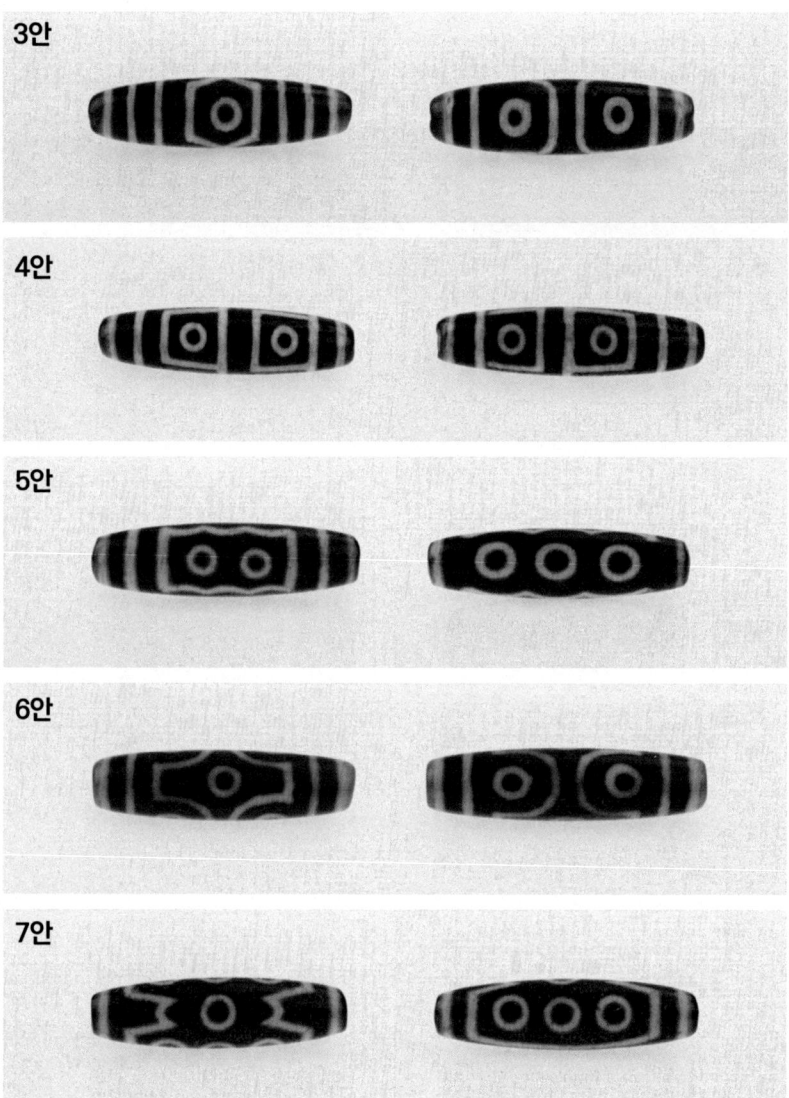

티벳천주, 작은 공간에 담긴 큰 세계

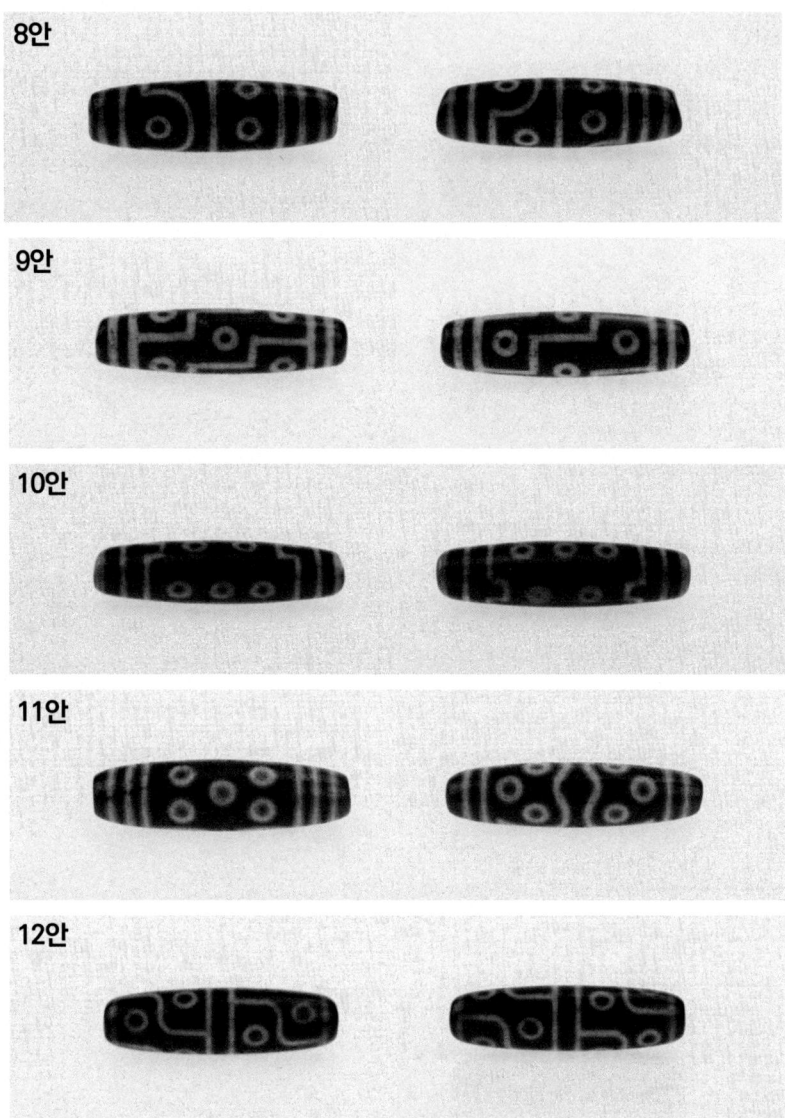

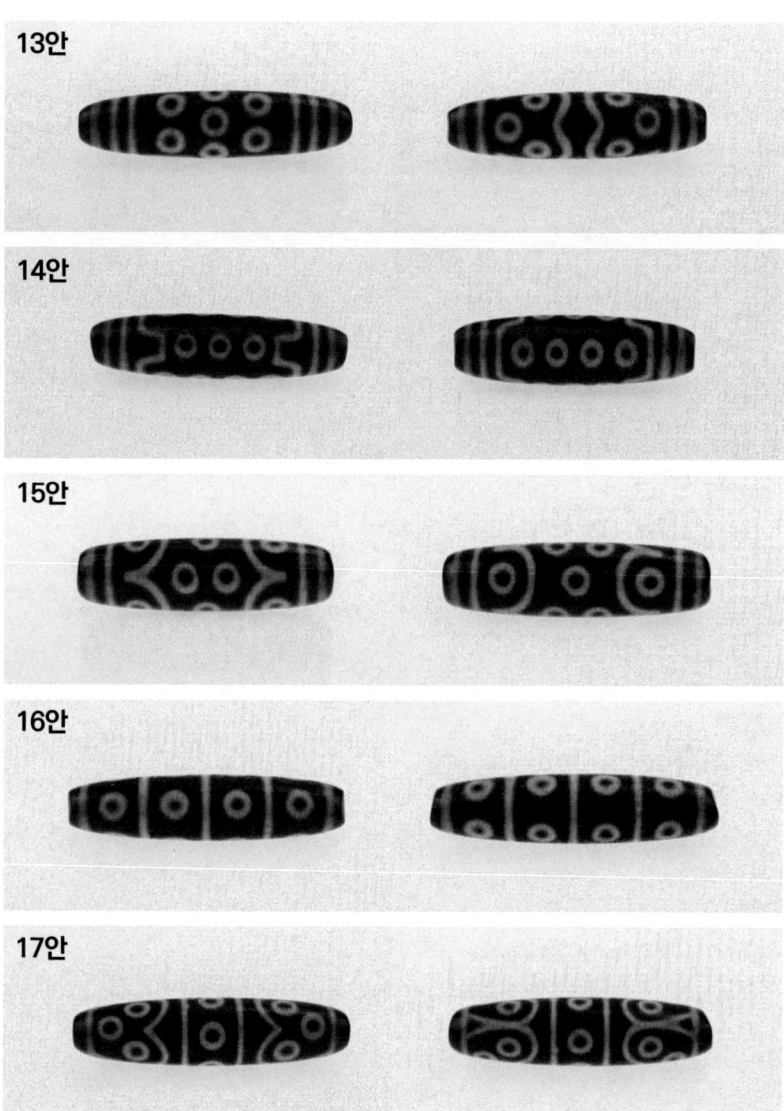

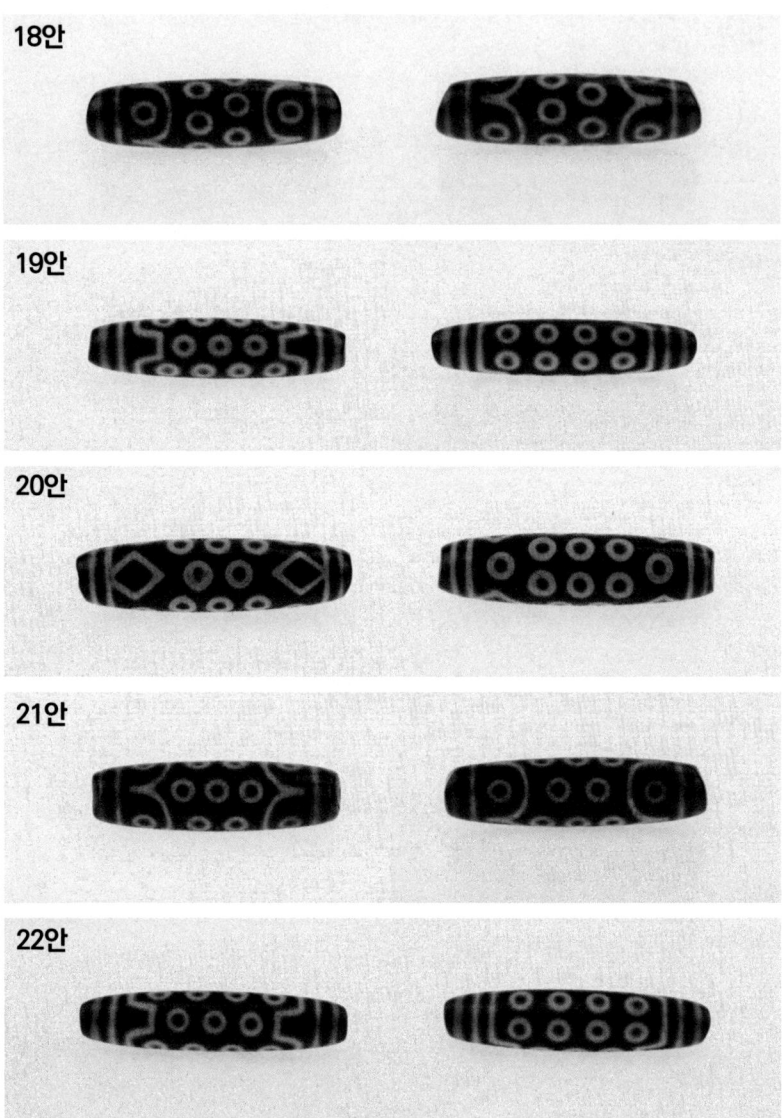

23안

24안

25안

26안

27안

티벳천주, 작은 공간에 담긴 큰 세계

28안

29안

30안

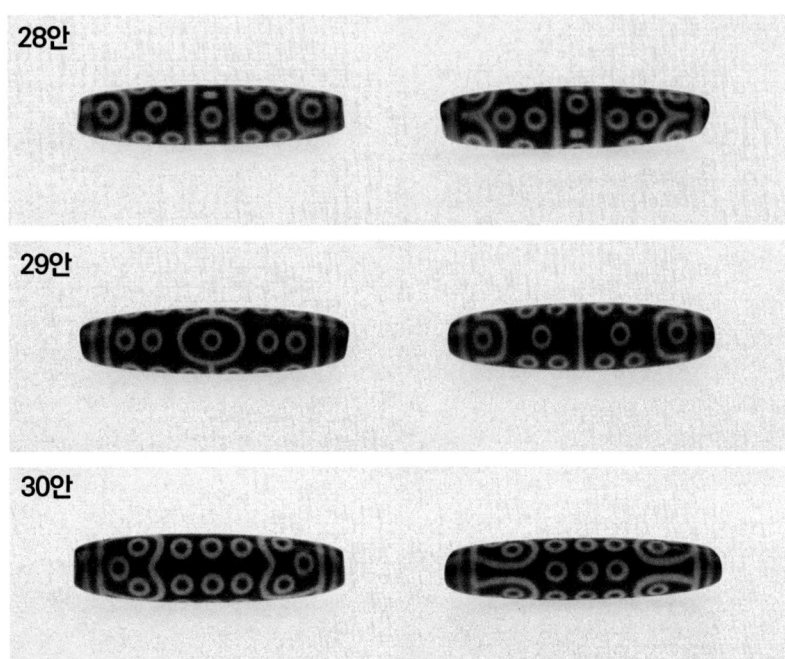

각종도안

1. 양안
일체의 악을 물리치다

2. 용안
위엄을 더하다

3. 봉안
기품이 드러나고
상서로운 일이 생기다

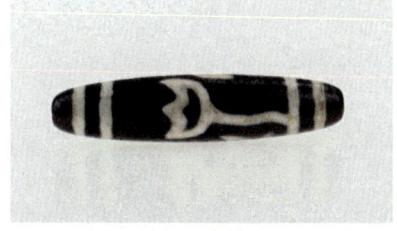

4. 연화
몸과 마음을 정결하게 하다

5. 보병
복을 담다

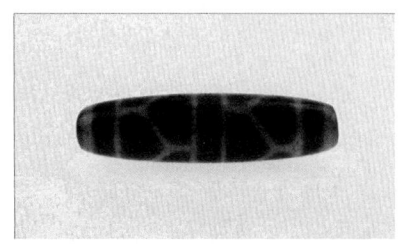

6. 귀갑

건강히 장수를 누리다

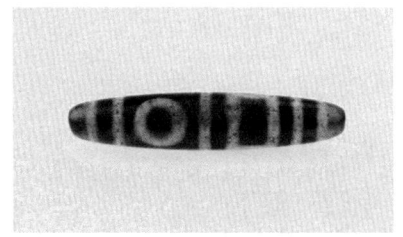

7. 천지

하늘과 땅의 도움을 받다

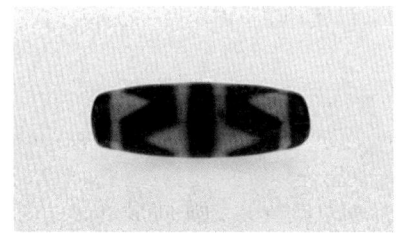

8. 호아

용맹하게 나아가다

9. 재신

재물운을 증가시키다

10. 일월성

자연의 조화를 따르다

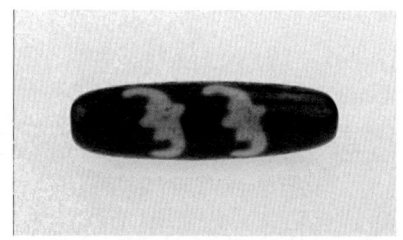

11. 오복

다섯가지 복을 부르다

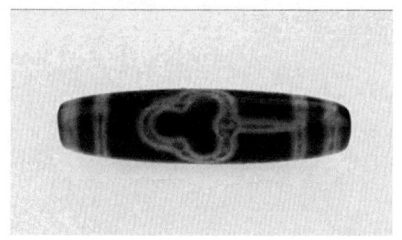

12. 보리수

깨달음을 얻다

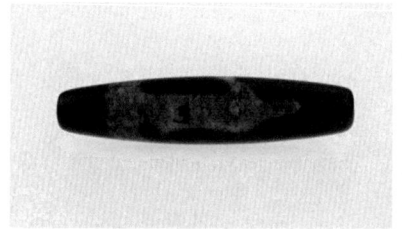

13. 관음

관음보살의 가호를 입다

14. 연사법기

재액에서 멀어지다

15. 연사법모

법력이 증가하다

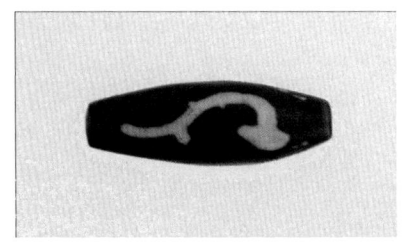

16. 여의

모든 일이 뜻대로 이루어지다

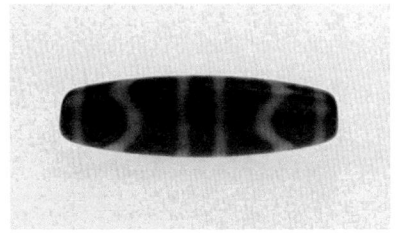

17. 수문

재물이 모이며
순조롭게 일이 풀리다

18. 식증회주

정기를 기르다

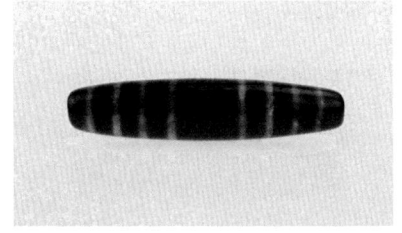

19. 다선

성공의 길이 뻗어나가다

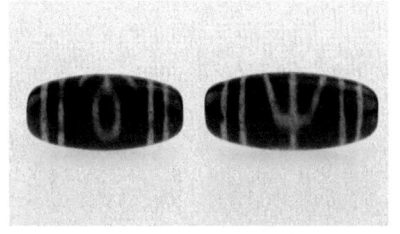

20. 귀인

좋은 만남의 기회가 생기다

21. 만자

불심을 얻다

22. 금강저

악을 물리치다

23. 녹도모

고난에서 벗어나고 소원을 성취하다

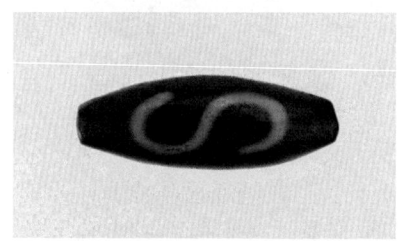

24. 금전구

재물을 끌어모으다

25. 평안십자

평안을 가져다주다

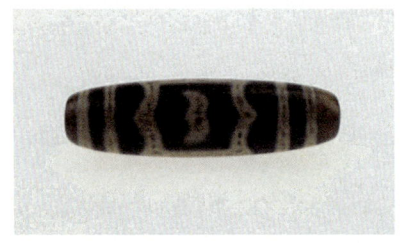

26. 대붕조

병마를 물리치다

복합도안

복합도안은 기본적인 도안이 2개 이상 혼합되어 있는 경우이다. 의미는 기본 도안의 의미가 결합된다. 복합도안에 주로 등장하는 도안으로 귀갑, 연화, 산, 수문, 호아 등이 있다.

삼각형이 윤곽만 표현되어 있으면 산문, 내부까지 채워져 있으면 호아문이다. 위의 천주는 부처님의 성안과 산문이 결합되어 있다. 산은 근엄하게 우뚝 서서 흔들리지 않는다. 이 산의 기운이 착용자를 도와 어려운 일 앞에서 당당하게 설 수 있도록 한다. 부처님의 27개 성안은 착용하는 이에게 지혜를 더하며 삶을 좋은 방향으로 이끈다.

흑마노 금입사귀갑수문46안천주 / 한국비봉컬렉션 藏

이미 있는 도안을 결합시키는 건 새로움을 창조하는 데 가장 좋은 방법이다. 작은 공간에 표현하는 예술이라 조금의 변화도 커다란 영향을 미치기에 새로운 도안을 창조하기란 어려운 일이다. 도안과 도안을 결합할 때 공간 배치와 전체적 통일성을 고려하여 위와 같은 아름다움을 표현했다.

귀갑은 거북이의 등껍질이다. 거북이는 예로부터 장수를 상징하는 동물이다. 물은 앞에 어떠한 장애물이 있더라도 이를 피해 흘러간다. 귀갑과 수문의 결합은 장수를 누리며, 하고자 하는 일이 막힘 없이 진행됨을 의미한다. 거기에 부처님의 46개 성안이 삶을 지켜준다.

   도안을 읽을 때 먼저 해야 하는 일은 무엇이 도안이며 바탕인지를 구분하는 것이다. 위의 천주의 경우 흑갈색이 바탕, 황금색이 도안을 이루고 있다. 왼쪽부터 도안을 해독하면 중앙의 지그재그선 양 옆에 호랑이의 이빨이 드러나 있고 3개의 원이 있다. 이 부처의 성안과 다음 호아문의 경계를 이루고 있는 선이 있는데, 이는 구분하는 선으로 이해하면 된다. 중앙에는 거북이 등껍질 문양인 귀갑문이 배치되어 있다. 도안의 명칭은 "귀갑호아6안천주".

   귀갑은 장수를, 호아는 용맹함을 상징하며, 6안은 약사불의 가호를 입는 것으로 알려져 있다. 그렇기에 위 천주는 건강히 오래 살고, 일을 추진함에 강인하며, 어딘가 상처를 입었을 때 회복하는 기능을 한다.

특수도안

특수도안에는 다양한 형상의 동물 및 사물, 독특한 도형들의 배치, 그리고 글자들이 등장한다. 이는 당시 여러 국가 간에 이루어진 문화교류의 산물로, 천주가 가지는 역사적인 의미의 폭을 넓혀 준다.

천주의 도안으로 용이 등장하기도 하는데, 용은 당시 왕권을 상징하여 왕실의 권위를 나타내기도 했으며, 십이지신 중 하나로 등장하여 티벳의 수호신을 의미하기도 한다. 또한 용은 추상화되어 천주 도안에 등장하기도 하고, 문자로 변형되어 표현되기도 했다. 일반적인 당나라 천주 도안과 느낌이 다른 경우, 서아시아의 영향을 받은 도안이 적지 않다. 다섯 번째 천주와 같은 도안이 대표적인 서아시아 천주의 도안 중 하나이다. 동전과 같은 문양은 전보문錢寶紋이라 하기도 하고, 눈의 문화와 연관되어 '재신안財神眼'이라 불리기도 한다. 금전운을 부른다.

천주에 표현된 문자는 대부분 "육자진언"을 의미한다. 상승시기 천주에는 "팔자진언"이 나타나기도 한다. 이는 티벳인들이 일평생 살면서 가장 많이 외우는 주문이다.

천주의 형태

모든 천주는 목적에 따라 제작되었다. 보편적으로 착용한 이를 지켜주는 호신부의 역할을 하기 위해, 높은 신분을 드러내기 위해, 목걸이와 팔찌, 반지 등의 형태로 만들어졌다. 그렇기에 길쭉한 타원형과 작은 원형의 형태가 주류를 이룬다. 약간 변형을 가한 형태에 삼릉형, 다면 왜각, 금강저형, 사각기둥, 육각기둥, 골(骨)형, 편(扁)형, 탕(糖)형, 우각형, 보병형, 전경통 등 형태가 있다. 이들의 가운데에는 구멍이 뚫려 있다.

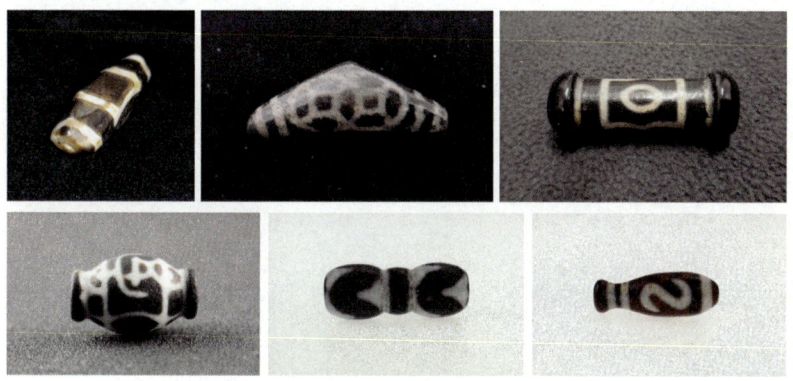

크기가 큰 경우 착용하기에는 부적합하다. 10cm가 넘어가는 천주는 착용의 목적이 아닌, 커다란 불상이나 영탑과 불전 같은 건축물을 장식하기 위해서, 부처님께 공양 드리기 위해서 제작되었다. 사리탑 기둥을 장식하며 사리를 대체하기도 하였다.

원판형의 천주는 장식의 중심을 이룬다. 원판형은 아랫면은 평평하고 윗면은 볼록하다. 옛 티벳의 귀족들은 홍산호, 밀랍, 녹송석, 청금석 등의 보석을 천주와 배합했는데, 원판형의 천주는 그 중 가장 중앙에 위치한다.

이외에도 삼각형, 사각형, 불탑형, 금자탑(金字塔), 사리함, 완(碗)형, 관(棺)형, 달걀형, 구형, 납작한 원기둥형, 패(牌)형, 금강저형, 반지형, 팔찌형 등의 다양한 형태의 천주가 존재한다.

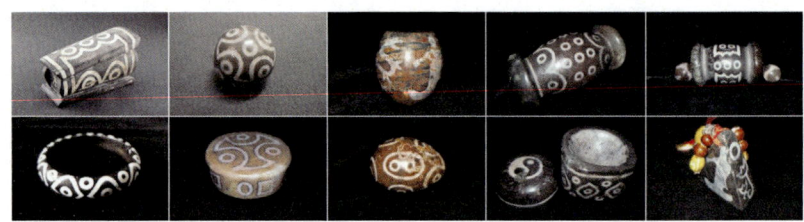

천주 감상의 모든 것

예술을 감상하는 것은 삶을 풍요롭게 한다. 그 예술의 의미와 감상하는 방법을 알면 더욱 즐거운 내면의 여행을 떠날 수 있다.

티벳천주의 종교적 색채, 역사적 의미뿐 아니라 천주 자체를 구성하는 여러 요소가 있다. 이런 요소들을 알면 진위여부는 자연스럽게 가려지고, 어떤 천주가 더 좋은지 구별하는 눈이 생긴다.

천주를 감상함에 있어 고려해야 하는 요소는 13가지이다. 가장 먼저 눈앞에 놓인 천주가 무슨 재질인지 알아야 한다. 특별한 기구가 없어도 손에 천주를 쥐고 무게감을 느끼면서 운석 재질 천주를 구별해낼 수 있다. 가장 무겁고 자줏빛 속살을 비치는 것은 철

질운석, 조금 더 가볍고 검은색 바탕에 군데군데 녹색 빛이 감도는 것은 감람운석이다. 운석 재질은 자성이 강하여 자석이 쉽게 달라붙는다. 마노는 빛을 비추어보면 쉽게 알 수 있다. 재질 표면에 공예를 해서 색은 변했지만 빛을 비추면 내면의 암석결이 줄무늬 형태로 드러난다. 청금석은 파란 바탕에 금빛이 수놓아져 있다. 신작의 경우는 천주를 씻고 휴지로 닦을 때 파란색 염료가 묻어 나오기도 한다. 천주로 제작된 여러 종류 재질에 대해 이해하고, 재질의 특성을 바탕으로 감상하는 것이 천주 감상의 시작이다.

둘째로 천주의 형태를 바탕으로 용도를 유추한다. 크기와 모양을 고려하여 착용 가능 여부를 판단한다. 남성은 크기가 큰 천주를, 여성과 어린 아이는 작은 크기의 천주를 착용했다. 관복을 입은 관원들은 여러 장식과 함께 천주를 주렁주렁 연결하여 착용하기도 했다.

셋째로 고려할 사항은 천주의 색채이다. 검은색, 붉은색, 녹색, 노란색, 푸른색 등 천주의 색채는 동일하지 않다. 그 색채가 원

재질의 색인가, 아니면 옛 공예를 거쳐 변화된 색인가? 과거 티벳에 전해지기로 특별한 약초를 빻아 즙을 내어 이를 이용해 천주의 색을 입혔다고 한다. 화학적 염료가 아닌 천연 염료를 이용해 수천 년이 지나도 변하지 않는 색채를 만들어냈다. 검은색, 갈색, 붉은색, 흰색, 회색, 푸른색, 녹색, 노란색 순으로 희소성이 크다.

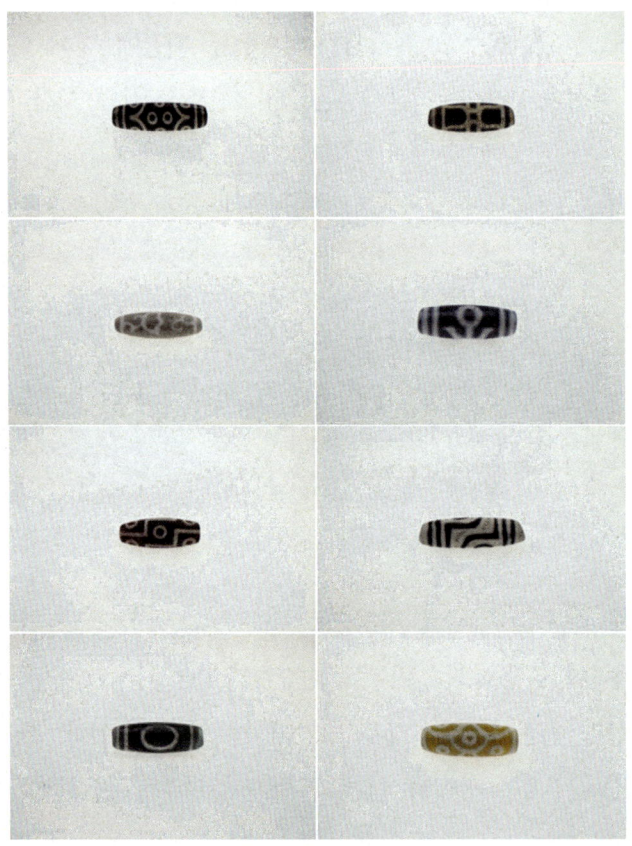

넷째로 천주의 광택을 본다. 광택은 천주의 미감을 구성하는 요

소로 천주의 등급을 나누는 중요한 작용을 한다. 천주는 고대 보석으로 현대의 보석과 다른 요소들이 많지만 기본적으로 보석이기에 얼마나 아름다운지가 중요하다. 천주의 광택은 은은한 윤기가 흐르는 것을 가장 귀하게 여긴다. 이는 현대 보석과는 다른 오랜 시간 자연이 만들어 낸 아름다움이다. 드물게 몇몇 천주들은 특정 각도에서 빛을 비추었을 때 표면에 무지갯빛이 드러나는 보광(寶光)이 서리기도 한다.

다섯째로 천주의 투명도를 고려한다. 이는 주로 마노 재질의 천주를 감상할 때 해당된다. 마노는 투명에서 반투명에 이르기까지 넓은 범위의 투명도를 가진다. 이에 따라 염료가 흡착되는 정도가 달라진다.

여섯째로 천주의 완전성을 살펴본다. 천주에 드러난 보석 공예, 이는 예술과 동일한 각도에서 바라봐야 한다. 예술의 세가지 요소는 변화, 통일, 균형이다. 변화가 없으면 밋밋하고 지루하다. 변화가 적으면 다른 것들과 별 차이가 없어 보인다. 변화가 크면 독특함과 생동감이 커진다. 변화가 크다는 것은 이 예술을 만든 예술가의 개성이 그만큼 큼을 반증하는데, 지나치면 산만하고 보는 이를 불편하게 한다. 그렇기에 변화 속에 통일감이 있어야 한다. 천주 바탕에 표현된 선과 점, 각종 도형들이 얼마나 다양하고 통일을 이루고 있는가? 작은 공간에 이루어진 예술은 작은 흐트러짐에도 큰 영향을 준다. 천주 양 옆에 선이 있는 경우, 한 쪽에만 선이 있거나 선과 선의 거리가 차이가 큰 경우 균형감이 깨지곤 한다. 또한 완전성을 고려할 때 천주에 손상된 부분이 있는지 확인한다. 날카로운 공구로 파인 부분은 부처님께 공양드릴 때, 약용광물로 사용됐을 때, 다른 이에게 인연을 넘길 때 생기곤 한다.

골骨형 천주, 왼쪽과 오른쪽 끝단에서 세로선까지의 거리가 달라 균형감이 틀어졌다. 이 경우 장식을 세로로 하는 게 좋다.

일곱째로 풍화흔을 찾는다. 무언가 단단한 물질이 생성되고 다시 흙으로 돌아가는 건 자연의 이치이다. 사람도 죽으면 한 줌의 흙으로 돌아가지 않는가? 암석 또한 오랜 시간 자연 속에 있다 보면 흙으로 돌아가려 한다. 그 과정 중 생기는 흔적이 '풍화흔'이다. 어린문, 용조흔 등의 천주 표면에 흔적은 오랜 세월 미생물의 활동, 화학적 작용 혹은 비나 바람과 같은 물리적 작용에 의해 형성된 것이다. 마노 재질 상에 풍화흔 뿐만 아니라, 염료가 오랜 세월 풍화작용을 받으며 생긴 탈색되거나 탈피된 흔적도 발견할 수 있다.

여덟째로 주사점의 유무를 확인한다. 소위 천주의 주사점은 "주사"라는 광물과 구별된다. 둘은 완전 다른 이야기이다. 천연광물에는 철 원소가 함유되어 있다. 장시간 대기 중에 노출되면 산화철이 형성된다. 광물에는 미세한 구멍이 있는데, 이를 통해 공기가 왕래할 수 있다. 그 안색은 옅은 커피색, 짙은 홍색 등이다. 천주의 몸체를 10배 혹은 20배 이상의 확대경으로 들여다보면 한 점 한 점의 붉은 점을 볼 수 있다. 이를 천주의 주사점이라 한다. 어떤 천주들은 육안으로도 확인이 가능한데, 그 수량은 많지 않다. 천주의 주사점은 천연적인 것이지, 인공적으로 제조된 게 아니다. 세간에 어떤 이가 천주에 주사점을 인위적으로 만든다고 하는데, 손으로 조금만 문지르면 사라져버린다. 천주를 고를 때 반드시 주의해야만 한다. 천주의 주사점은 내부에서 밖으로 생성된 것이다.

단지 표면에 칠해진 게 아니다. 천주에 골고루 뿌려진 주사점은 은하수에 펼쳐진 아름다운 별과 같다.

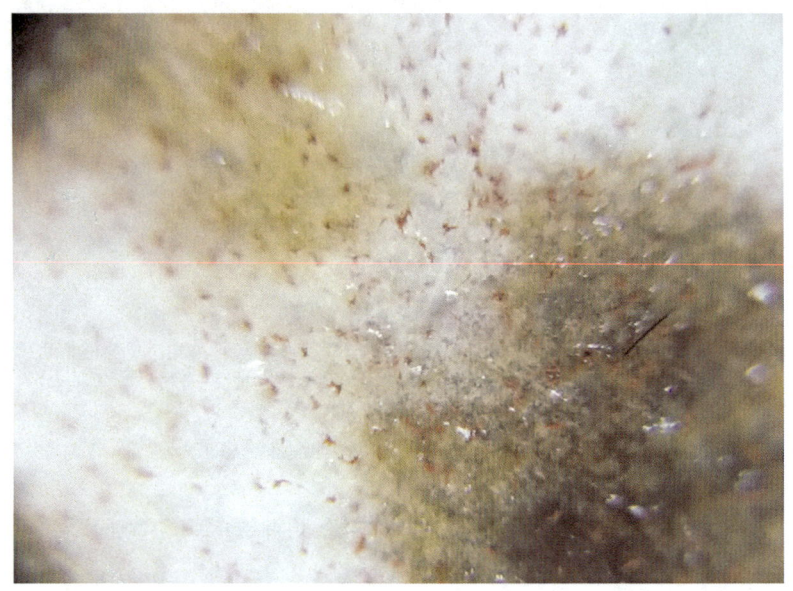

아홉째로 석문(石紋)이 있는지 없는지 살핀다. 석문이라 함은 재질이 가진 고유한 암석결이 외부로 표출된 것을 말한다. 마노는 암석 자체에 가운데를 중심으로 원형의 결이 형성되어 있다. 각 결마다 입자가 밀집된 정도가 달라 염료를 입힐 때 흡착되는 정도가 다르다. 천주 공예가가 재질을 선별할 때 세심한 주의를 기울이지 않으면 암석결이 선명하게 드러나게 되는데, 이런 소재를 가지고 천주 공예를 하면 도안의 선명도를 방해하는 석문이 생기게 된다. 석문이 있으면 보통은 질이 떨어지나, 때로는 도안 및 바탕 염료와 조화를 이루며 더 큰 자연미를 만들어내기도 한다.

도안을 V자 형태로 가로지르는 암석 결이 석문이다

열째로 투공방식을 확인한다. 대부분의 천주가 착용을 목적으로 제작되었고, 착용을 할 때 중앙을 가로지르는 구멍을 뚫어 양단을 연결했다. 현대에는 사물에 구멍을 뚫을 때 전기드릴을 이용해 쉽게 구멍을 뚫지만, 과거에는 단단한 재질에 작은 구멍을 내는 게 여간 힘든 일이 아니었다. 가장 원시적인 방법은 구멍을 내려는 재질보다 더 단단하고 뾰족한 물체를 손에 들고 빠르게 돌려 파는 방식이었을 것이다. 한쪽에서 반대쪽까지 한번에 구멍을 내기 어려워 한쪽에서 중간지점까지 구멍을 내고 다시 반대쪽에서 중간지점까지 구멍을 내어 끝 단을 관통한다. 조금 더 발전한 방법은 공구를 이용하는 것이다. 빠른 회전을 만드는 수단을 생각해 낸 옛 천주 공예가들은 더욱 원활하게 천주를 제작할 수 있었을 터이다. 이 방법은 옛 선조들이 나무를 비벼 모닥불을 피우는 모습에서 지혜를 얻었을 거라 생각된다.

  열한째로 착용흔을 살펴본다. 물체를 한 곳에 그대로 두는 것과 달리 사람이 계속 사용하다 보면 이에 따른 흔적이 남는다. 천주는 착용자의 수호신이자 호신부였기에 선인들은 이를 항상 착용했다. 천주는 주인과 일평생 함께 호흡하여 살갗과 오랜 기간 마찰을 했고, 착용자가 땀을 흘리거나 비를 맞을 때 수분 및 염분과 화학작용을 했다. 그에 따라 천주의 표면에 더욱 자연스러운 윤기가 흐르게 됐다. 또한 천주와 천주를 연결하거나 천주와 다른 보석을 함께 장식하여 착용하면서, 재질들이 서로 부딪히는 부분이 더 많이 마모되었다.

  열두째로 염료의 경계에 주의를 기울인다. 현대에는 화학적 방법을 이용해 형형색색의 염료를 만들 수 있다. 과거에는 하나의 색을 내는 염료를 자연에서 찾았고 이런 각각의 염료들은 서로 다른 특성과 서로 다른 성분을 가지고 있다. 그리고 모든 색채들은 오랜 기간 빛에 노출되거나 자연의 풍화 작용에 의해 바래지곤 한다. 천주에 도안을 표현할 때 바탕과 도안의 염료가 혼합되지 않도록 주의한다. 그렇기에 도안의 윤곽에 약간의 홈을 내거나, 바탕과 도안의 염료를 흡착시키는 시간과 순서를 달리했을 것이다. 보통은 바탕의 흑갈색 염료를 먼저 흡착시키고 백색의 염료로 홈을 메우면서 도안을 표현했을 거라 생각되는데, 바탕과 도안의 색 혼합을 방지하는데 신경을 쓰다 보니 염료의 경계 부분은 염료의 흡착이 다른 부분보다 약하다. 오랜 시간과 풍화작용에 따라 흡착의 정도가 적은 부분은 색이 쉽게 사라지는데, 이에 따라 염료의 경계 부분은 흐릿한 상태가 자주 관찰된다.

색이 바뀌는 경계부분을 유심히 보면 천주의 미감이 더욱 드러난다

　마지막으로 보존환경을 고려해야 한다. 천주가 주로 출토되는 지역은 몽골, 티벳, 네팔, 인도, 파키스탄, 내몽고 등 아리(阿里)지역을 중심으로 티벳불교의 영향을 많이 받은 곳들이다. 출토된 지역의 기후는 어떠하고 지각변동이 일어나지는 않았는가? 같은 천주라도 어느 곳에서 보존됐는지에 따라 큰 차이가 난다. 티벳 사원에 있던 것인가, 토곽묘에 묻혀있던 것인가, 지하궁전에 모셔진 것인가? 건조한 환경이었나, 아니면 습한 환경이었나? 건조한 환경 속에 오랜 기간 지나면 마노가 거북이 등껍질처럼 갈라진 흔적이 남기도 하고, 흙 속에 오래 묻혀있으면 흙의 황토색 성분이 마노 표면에 붙어 굳어지기도 한다.

이처럼 천주는 크기는 작을지라도 다양한 감상의 요소를 함유하고 있다. 좋은 천주를 찾고자 한다면 역사적 산물, 권위를 상징하는 장식품, 신성한 성물, 현대를 살아가는 고대보석이라는 여러 측면에서 고찰하여야 한다.

천주 정화의식

1. 천주를 굵은 소금물에 넣고 뜨거운 물을 붓는다. 소금과 물의 비율은 1:4가 되어야 한다. 15분을 담가두었다가 다시 깨끗한 물로 씻은 후 청결하게 닦아준다.
2. 태양빛을 충분히 쬘 수 있는 곳에 두어 빛을 1~2시간 쬘 수 있게 한다.
3. 정결한 침향목을 이용해 연기를 내어 정화한다.
4. 만약 사당에서 부처님께 절하고 향을 사를 때, 천주를 착용하고 신명 앞에 향을 사르면, 이 또한 천주의 정화가 가능하다.

천주는 옛 사람이 오랜 기간 사랑했던 성물이다. 한 사람의 일평생이 담겨 있고, 또한 고대 라마승의 법력이 들어있다. 그렇기에 함부로 착용하면 해를 입을 수 있다. 이는 고대인의 지혜가 아닐 수 없다.

〈부록 2 : 부탄왕의 혼례〉

부탄은 히말라야산맥 동쪽에 위치한 국가이다. 2011년 10월 13일 부탄 국왕 지그메는 평민 여성 페마를 왕비로 맞이했다. 이 혼례는 전통불교방식으로 진행되었다. 세계에서 가장 젊은 국왕이자 영준한 국왕이라 불리는 이 왕의 결혼에는 대부호들이 참석하기보단 지역 농촌 주민들이 참석했다.

부탄의 거의 모든 이들은 갈거파噶擧派로 티벳불교를 신앙으로 삼고 있다. 천주는 티벳불교의 보물로 왕후 페마는 천주를 착용하고 혼인식장에 등장했다. 그녀의 모습은 모든 이들의 이목을 사로잡았다. 천주의 아름다움과 내면에 담긴 뜻이 빛을 발하는 순간이었다.

　성스러운 부탄 왕실의 혼례에 다이아몬드나 기타 보석은 없었다. 오직 천주를 선택하여 가장 중요하게 장식했다. 이는 왕실구성원의 눈에는 천주가 다이아몬드나 기타보석에 비해 귀하기 때문이다. 왕가의 품격을 나타내기에 더욱 적합하며, 국가의 평안과 행복을 더욱 잘 드러낸다.

정품 천주 소개

'정품(精品)'은 무엇인가?
심미적 아름다움, 희소성, 역사적 의의, 이 세가지 요소를 크게 가진 기물이다.
심미적 아름다움을 갖춘다는 것은 당시에 뛰어난 예술가의 손에서 탄생했음을 의미한다. 그리고 현대의 예술가들의 작품에서도 마찬가지지만 그들이 일평생 남기는 걸작은 또한 손에 꼽는다. 누가 봐도 감탄을 자아내는 아름다운 기물이라면 정품의 범주에 들어왔다고 할 수 있다.
희소성을 알기 위해선 고완현장을 많이 경험하고, 많은 기물을 수장해 본 경험이 필요하다. 혹은 경험 많은 이의 도움을 받을 수도 있다.
많은 기물을 보면 그 종류 중 어떤 기형이 독특한지, 어떤 재질이 독특한지, 어떤 제작방법이 독특한지, 세상에 얼마나 나왔을지 감이 생기게 된다. 역사적 의의가 있는 기물이라고 하면 미감은 떨어지나 명문이나 관지가 있어, 그 종류 기물의 정체성을 말해주거나 아직 밝혀지지 않은 역사적 사실을 말해준다.
정품을 한마디로 표현하면 '찾기 힘든 기물'이라 말할 수 있겠다.

정품은 사람과의 인연을 통해 찾아온다.
사람과의 좋은 관계가 좋은 기물을 가져다 준다.

전국 녹송석 3안삼릉형천주 / 한국비봉컬렉션 藏

  녹송석은 짙은 녹색에서 옅은 하늘색에 이르기까지 넓은 범위의 푸른색 계열 재질이다. 녹송석의 특징은 푸른 바탕에 약간의 흑색선이 분포하는데, 이 선이 적게 분포된 깔끔한 바탕의 녹송석을 상급으로 평가한다. 녹송석 또한 역사가 깊은 재질인데, 특히 전국시기에서 한나라에 이르는 시기에 녹송석 공예기술이 뛰어나 아름다운 기물들이 남아있다. 녹송석에 조각 기법을 이용해 도안을 새긴 경우는 더러 있지만, 이와 같이 삼릉형 형태에 검은 염료를 이용해 3안을 표현한 경우는 찾아볼 수 없다.

한대 노광(老礦)마노 3용안삼릉형천주 / 소운컬렉션 藏

　　상승왕조(B.C1500~A.D645)에서 사용한 것으로 추정되며, 현재 발견되지 않는 이 재질은 정확한 명칭을 부여하기 어렵다. 일각에서는 운석 재질의 일종이라는 견해도 있지만, 옛 마노라는 의미의 '노광老礦마노'라는 용어로 많이 불리고 있다. 용안은 보통 6안인데 위의 천주는 3안 일 뿐 아니라 형태도 타원형이 아닌 삼릉형이다. 자연스런 풍화흔과 은은한 윤기가 흐르고 있고, 주사점이 흩뿌려져 있으며, 오랜 투공방식으로 구멍이 뚫려있다. 희소성을 비롯한 정품의 요소를 두루 가지고 있다.

한대~당대 전사마노 봉안청주 / 소운컬렉션 藏

전사마노는 다양한 색의 선들이 어우러져 있다. 수많은 선들이 얽히다가 특정한 문양을 형상화 시키는 경우가 있다. 천연적인 1안, 2안, 3안 등의 도안이 보이기도 한다. 전사마노를 천주로 제작한 이들은 셀 수 없이 많은 원석을 살펴보고 그 안에서 아름다움을 취했다. 자연이 오랜 세월에 걸쳐 만든 예술을 천주공예가가 다듬었다 할 수 있다. 다양한 색의 타원형 곡선, 선과 선 사이의 오묘한 거리를 유지하며 봉황의 눈을 형상화시켰다. 자연스런 풍화흔과 은은한 광택은 감상의 즐거움을 증폭시킨다.

한대~당대 홍지호아보병천주목걸이 / 중국 위환성餘皖生 藏

　붉은색은 예로부터 벽사의 상징이었다. 천주를 감싸고 있는 진홍빛은 모든 악을 물리친다. 문설주에 바른 양의 피처럼 재앙이 이를 피해간다. 도안은 가운데의 호아보병천주를 중심으로 연화, 금강저, 만자, 귀인, 천지 등 중간크기의 천주들이 위치하고 있고, 작은 호아천주가 목걸이를 이루고 있다. 이와 같은 보병도안은 독특하며, 호아와 보병 도안이 한 천주 안에 표현된 경우는 무척 드물다. 호아는 남성적인, 보병은 여성적인 매력을 가지고 있다. 내면에 복을 가득 안고 세상 가운데 용맹하게 기개를 폈던 옛 모습이 담겨있다.

당나라 마노 특수9안천주 / 소운컬렉션 藏

9안천주는 당시에 가장 사랑 받은 천주였다. 그러다 보니 수많은 천주 애호가들이 제작하는 이들에게 다양성을 주문했다. 그렇게 여러 도안의 9안천주가 등장했고, 이와 같은 새로운 발상의 9안천주가 출현했다.

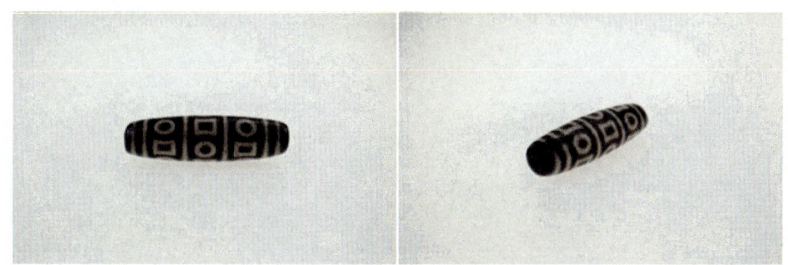

당 마노 삼쌍천지문천주 / 소운컬렉션 藏

○은 하늘을, □는 땅을 상징한다. 하늘 그리고 땅과 감응하는 천지천주는 커다란 활력을 담고 있다. 가장 기본적인 천지 도안은

앞에 원이 뒤에 네모가 표현되어 있고, 한 단계 더 나아간 쌍천지 천주에는 앞면에 원과 네모, 뒷면에 네모와 원이 드러나있다. 이 삼쌍천지문 도안은 천지 도안 중에서 최고의 자리에 놓을 만하다.

당 마노 8귀갑안천주 / 소운컬렉션 藏

천주 도안 중 귀갑안은 드물다. 특히 귀갑 도안 속에 9개의 성 안이 들어간 경우를 제외하곤 더욱 찾아보기 어렵다. 이는 신비한 기운이 감도는 천주로 강한 법력을 가지고 있다. 재질 뿐 아니라 표면에 입혀진 천연염료들도 오랜 세월 속에 미묘한 변화들을 보여주고 있다.

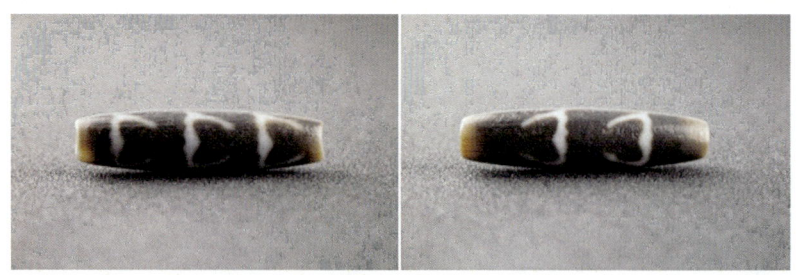

당 마노 오복문천주 / 소운컬렉션 藏

나팔관 형태의 투공방식으로 가운데 구멍이 뚫려있고, 표면에 5 마지 박쥐가 날고 있다. 박쥐는 '복福'과 예로부터 발음이 비슷하여 박쥐문양은 복을 의미했다. 중국에서 福을 뒤집어서 문 앞에 붙이는 경우도 많은데 이는 복이 떨어지기를 바라는 마음을 담은 것이다. 박쥐가 다섯 마리 있으면 오복을 의미한다. 오복은 ≪서경書經≫과 ≪상서尙書≫에 기록된 대로, "장수長壽", "부귀富貴", "강녕康寧", "호덕好德", "선종善終" 다섯 가지 소망이다. 위의 오복 문천주의 박쥐는 독특하게 추상화 되어 세련된 미감을 담고 있다. 옛 선조들은 오복을 떠올리며 이를 위해 자신의 삶을 지속적으로 되돌아봤다.

당나라 마노 수문천주 / 소운컬렉션 藏

천주에 두 갈래의 물줄기가 흐르고 있다. 하나는 도안으로 형상화된 수문이며, 하나는 은하수와 같이 별들이 흩뿌려진 주사선이다. 자연스러운 윤기와 투명도가 높은 재질이 어우러져 보석으로써의 매력을 뿜어내고 있다. 주사선을 확대경으로 관찰하면 우주를 수놓은 별들이 보인다. 투공방식의 특징으로 양단에 한쪽 방향으로 홈이 파여 있다.

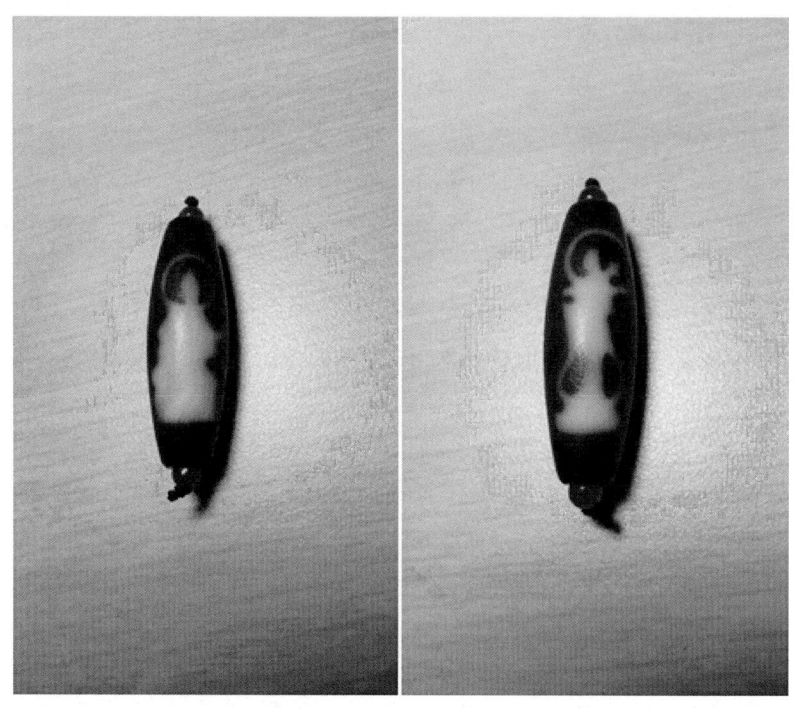

당 마노 관음천주 / 소운컬렉션 藏

　현대인과 마찬가지로 옛 사람들도 아름다운 형태를, 깊은 의미를 담은 것을 착용코자 했다. 티벳 사람에게 부처님은 경외의 대상이자 일평생 닮고자 하는 지향점이다. 관음보살을 천주에 담아 이를 떠올리며 살아가고, 관음보살의 가호가 함께 하기를 기도했다. 관음보살은 천주에 종종 인물형상으로 등장한다. 연화를 들고 있기도 하며, 영기서린 구름을 타고 있거나 용을 타고 있기도 하다. 그 중 위의 관음천주는 유려함과 예술적인 부분에 있어 감상자의 감탄을 자아낸다.

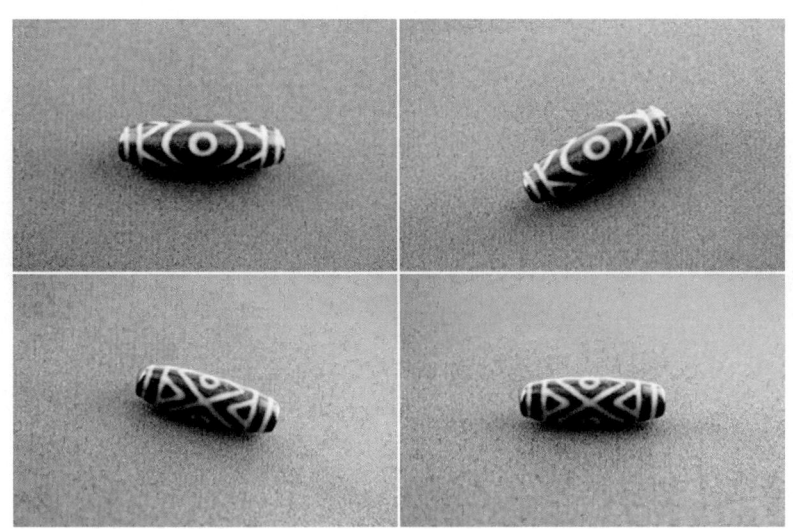

당 흑마노 산문3안천주와 3금안중안천주 / 소운컬렉션 藏

 칠흑 속에 밝은 서광이 비치고 있다. 짙은 검은색 속을 관통하는 밝은 흰색 선들은 도안을 뚜렷하게 한다. 이 천주는 부처님의 가호를 담고 있다. 원만한 삶을 살도록 인도하며, 부를 끊이지 않게 하는 밀종의 재신財神이다.

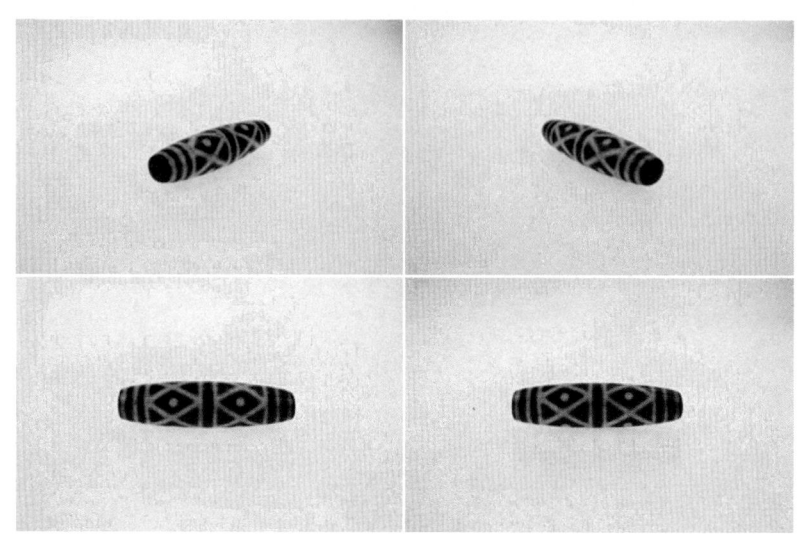

당나라 흑마노 8금강안중소안천주 / 소운컬렉션 藏

원형의 성안도 있고, 점으로 표현된 것도 있다. 이를 구분하여 점으로 표현된 성안은 소안小眼으로 부른다. 흑마노 계열 천주에만 유일하게 발견된 도안으로 강한 항마의 작용을 한다.

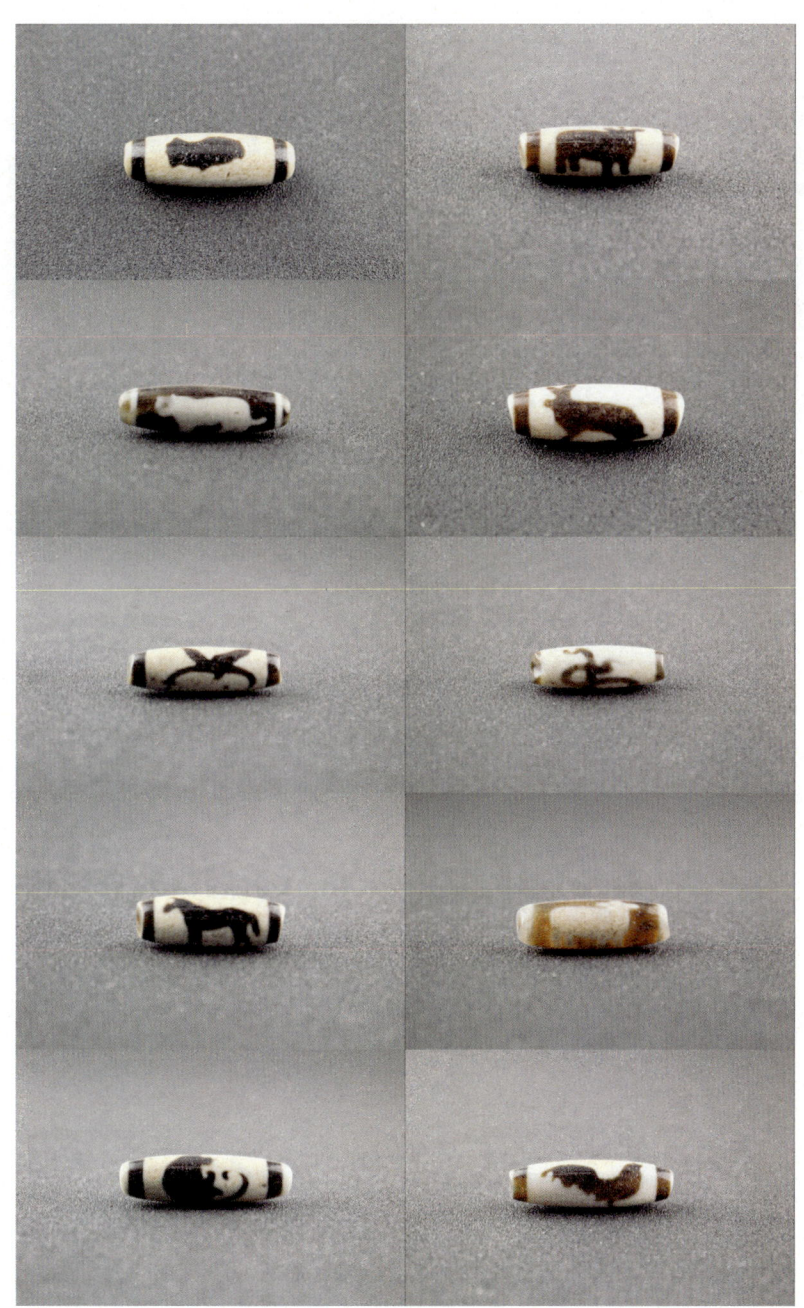

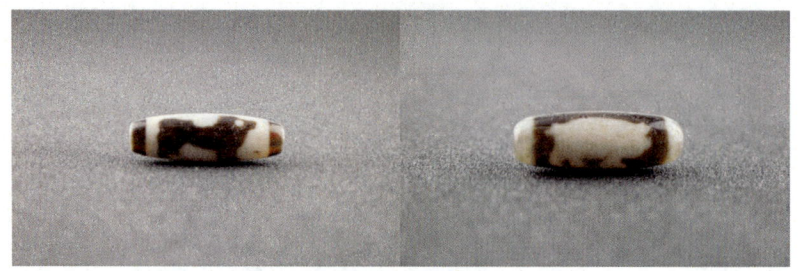

당 마노 12지신천주 / 소운컬렉션 藏

    12지신의 기원에 대해 정설은 없다. 다만 확실한 부분은 티벳불교와 12지신이 밀접한 관련이 있으며, 고대문명의 산물인 흑피옥에도 등장한다는 사실이다. 우리나라의 경우 신라시기에 『약사경藥師經』이 널리 읽히며 12지신앙은 호국적 신앙의 성격을 띠었다. 12지신은 8개의 범어와 상관관계를 가지며, 또한 여덟 수호신과 연결되어 있다. 천수관음千手觀音은 쥐를, 허공장보살虛空藏菩薩은 소와 호랑이를, 문수보살文殊菩薩은 토끼를, 보현보살普賢菩薩은 용과 뱀을, 대세지보살大勢至菩薩은 말을, 대일여래大日如來는 양과 원숭이를, 부동존명왕보살不動尊明王菩薩은 닭을, 아미타불阿彌陀佛은 개와 돼지의 수호신으로 밀교의 한 축을 담당했다. 12지신은 옛 유물에 있어서 대표적인 정품의 예이다.

당 마노 쌍태극천주 / 한국비봉컬렉션 藏

 태극은 동양 문화에서 중요한 위치를 차지한다. 당시 토번(티벳)과 당나라는 국경을 마주하며 수많은 교류를 해왔다. 양국의 교류 속에서 서로의 문화 정수를 깊이 채득하며, 천주에 태극을 표현하기도 했다. 태극은 음양의 조화를 의미하며 기의 순환을 고르게 한다. 표면에 풍화흔이 고르게 분포하고 있고, 흰색과 검은색이 은은하게 어우러져 감상하는 이를 편안하게 한다. 특히 왼쪽에 그려진 태극문양은 커다란 생동감을 가지고 있어 높은 예술성을 드러낸다.

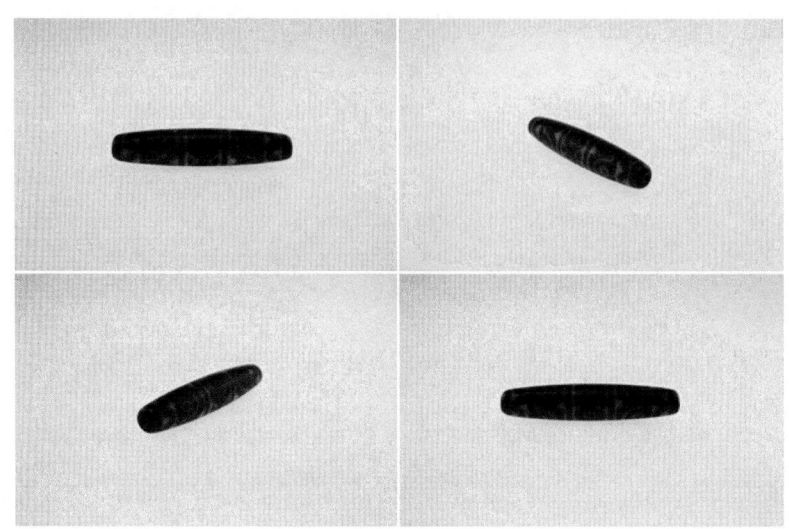

당 마노 아황(牙黃)쌍호아산문9안천주 / 소운컬렉션 藏

천주를 감싸는 황금빛. 이는 보존과정 속에서 흙과 오랜 시간 닿아있어 생긴 '토침土侵현상'의 결과이다. 천주 중에서 복합도안은 기본 도안에 비해 큰 희소성을 갖는다. 그런 복합 도안 중에서도 '쌍호아산문9안'은 독특한 위치를 차지한다. 용맹함과 근엄한, 그리고 커다란 지혜를 가져다주는 힘을 품고 있다.

당 마노 금입사보석상감2안천주 / 한국비봉컬렉션 藏

    도안의 윤곽을 따라 금선이 이어져 있다. 금선뿐만 아니라 은선으로 입사된 천주도 있는데, 이런 금과 은은 도안을 뚜렷하게 하여 천주를 더욱 고급스럽게 한다. 눈의 부분에 보석을 박아 신비감을 증폭시켰다. 2안 천주는 부부간의 화목함을 의미하며 대인관계에 있어서 유익한 작용을 한다.

당(추정) 금입사보석상감초화문천주 / 중국 수이리촨隋立川 藏

어두운 밤하늘에 피어난 찬란한 금빛 꽃송이. 영기가 이를 감싸 신비감을 더한다. 시원스러운 곡선으로 공간을 분할하고 보석을 알맞은 위치에 배치시켜 꽃을 표현했다. 당나라 시기 금을 다루는 공예기법이 뛰어났고 도안이 당시 금은기에 나타난 문양과 유사하다. 금색, 붉은색, 초록색이 어우러져 찬란했던 문화의 한 단면을 보여준다.

천주, 가짜의 범람

가짜는 진짜를 가지고자 하는 수요가 많으나 공급이 부족할 때, 대체품의 역할을 하기 위해 등장한다.

5년 사이에 천주의 경매가격이 1000배가 뛰어올랐고, 중국의 연예인들 및 각종 사회 유명인사들 사이에서 인기를 끌면서 세간의 주목을 받게 되었다.

LOT号	作品名	估价	成交价
1461	六眼金钢杵形天珠配双线六眼两颗	4,300,000~5,000,000	RMB 4,945,000
1460	双线金刚六眼天珠	3,800,000~5,000,000	RMB 4,370,000
1385	千年至纯双线金刚六眼天珠	3,800,000~4,800,000	RMB 4,370,000
1382	千年至纯特殊龙眼三眼天珠	3,100,000~3,500,000	RMB 3,565,000
1383	千年至纯特殊佛眼三眼天珠与虎牙天珠（一对）	2,800,000~3,200,000	RMB 3,220,000
1380	千年至纯金刚三眼天珠	2,300,000~2,600,000	RMB 3,105,000

중국의 유명경매사 보리에서 낙찰된 천주들

300만 위안 이상에 거래가 되었는데, 한국돈으로 환산하면 5억 이상을 호가한다. 또한 몇몇 천주는 1000만 위안 이상에 새로운 주인을 만나기도 했다. 과거엔 손가락만한 물건이 뭐 얼마나 귀하겠어 했겠으나, 눈에 보여지는 가격에 모두들 "억!"

거기에 북경의 주요 박물관인 수도박물관에서 4개월간 티벳문화 특별전을 열며 첫 공개발굴된 티벳천주를 메인으로 세웠다.

매일같이 관람객이 문전성시를 이루고, 천주를 사고자 하는 수요가 늘어나니 이와 같은 기념품을 출구 쪽에서 팔고 있다. 수많은 이들이 신비한 도안에 매료되어 천주공예품이라도 착용하고자 하니 중국 최대 인터넷 쇼핑몰 타오바오에서도 패션 아이템으로 판매하는 중이다.

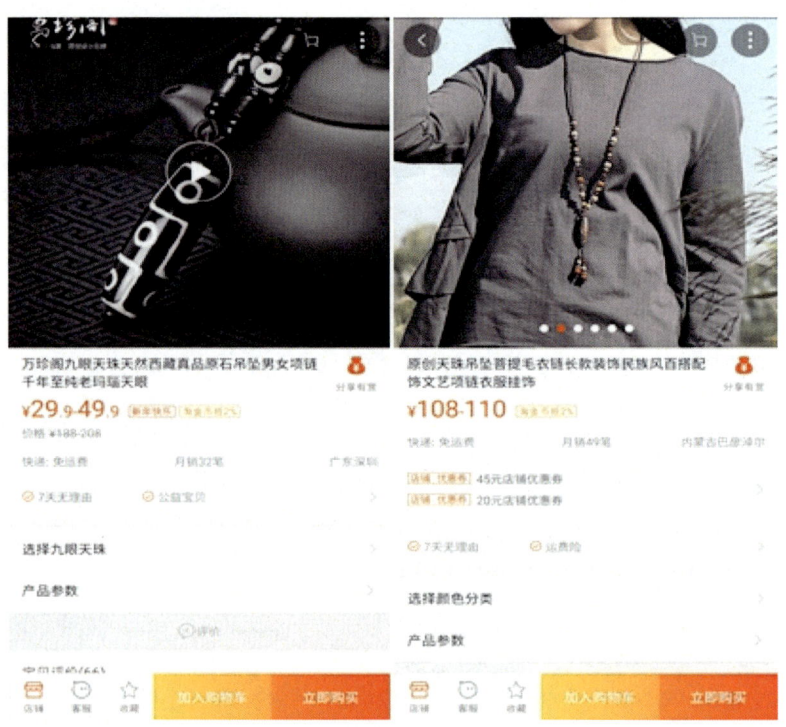

티벳 현지에는 관광객들을 위해 여러 곳에서 천주를 볼 수 있다. 라싸에 있을 때 티벳전통식 가옥을 예약하여 며칠간 숙박을 했는데, 침대보 위에도 여러 천주를 군데군데 연결해 장식을 해놓았고 길거리에서도 각종 전통장식들과 함께 묶어서 파는 모습을 볼 수 있다.

티벳까지 오셨으니 기념품으로 사가라는 상인도 있었다. 모두 현대에 제작된 공예품이다.

　오랜 골동상점에 들어가 주인들과 오랜 시간 얘기를 나눠보니, 좋은 천주들은 안목 있는 단골손님들이 이미 다 사가서 좋은 천주가 들어오면 연락을 주겠다고 한다.

　좋은 천주는 찾기 어려운데, 각종 전시와 경매가 상승으로 수요는 늘기에 가짜는 더욱 더 기승을 부릴 것으로 보여진다.

티벳천주, 인연을 옮겨가다

티벳천주는 성물로 주인이 바뀌더라도 서로 사고 파는 거래의 모습이 아니다. 한 사람의 일생을 지켜준 수호신을 어떻게 사고 판단 말인가?

그렇기에 천주가 호의에 의해서든 경제적 이윤을 위해서든 다른 이에게 전해줄 때 축복하며 인연을 넘겨준다. 이를 다를 말로 '전연傳緣'이라 한다.

　티벳 라싸는 수도로 티벳문화의 중심지이다. 천주를 비롯한 각종 티벳불교의 골동품들이 가득하다.

　수준은 상점별로 천차만별, 상점 내의 기물들도 각양각색이다. 불빛 아래 아름다움을 뿜어내는 보석들, 천주는 티벳을 대표하는 보석이기에 당연히 전시되어 있다. 상점 주인들은 어느 게 비싼지는 알지만 보통 기물이 가진 의미는 정확히 모른다. 연대에 대해선 말할 것도 없다. 현대의 공예품과 노천주가 함께 공존한다.

　허나 양심 있는 상인은 현대의 것은 현대의 것, 옛 것은 옛 것임을 밝힌다.

　전시된 기물은 보통 중, 중하, 하급 정도이다. 좋은 기물은 따로 보관되어 있다. 좋은 기물일수록 알아보는 사람이 드무니 괜히 공개했다가 기물만 이상해질 수 있기 때문이다. 그들은 사람을 알아보는 눈이 있고, 돈 있는 사람이 사간다는 걸 알고 있다.

천주의 도안, 재질 전부다 제대로 말해줬더니 깜짝 놀라며 차나 한잔하라며 앉아서 이야기를 시작한다.

3개의 옛 무소 뿔로 제작한 보석함에서 각각 천주를 꺼내 보이는데, 하나는 가짜. 당장 집어넣으라고 하자 민망한지 얼른 집어넣는다. 외국인이라 쉽게 여긴다.

천주와의 인연은 선한 마음에서부터 시작한다.

천주는 주인을 알아보는 눈이 있어 그 속에 품은 마음 깊은 곳까지 들여다본다. 그러곤 악한 마음을 느끼면 스스로 주인에게서 떠나간다.

천주의 수장은 하나의 선을 행하는 도, 얼마인지보다는 얼마나 다른 이에게 선을 행하는 지에서 인연이 찾아온다. 필자도 항상 이를 되뇌며 선을 행하고자 힘썼다. 선善은 보이지 않는 힘으로 그 무엇과도 비길 수 없는 가치를 가지고 있다.

　살을 에는 추위 속에서, 뜨거운 태양 아래서 자기에게 주어진 삶을 열심히 살아가는 이들.
　티벳인 지인들과 때때로 티벳문화에 대해 다양한 의견을 교류한다. 그들이 생각하는 천주는 일반인들이 생각하는 천주 그 이상이다. 함부로 천주에 손을 대면 버럭 성을 낸다. 천주에 담긴 힘이 빠져나가기 때문이다.
　맑은 영혼의 그들과 함께 있으면 나 자신 또한 정화됨을 느낀다. 그들의 생활이 그렇게 여유롭지 않음을 알기에, 북경에 있는 티벳식 최고급 식당에서 그들에게 맛있는 식사라도 대접하곤 했다.

    서로간에 꽃피운 웃음, 피부색도 다르고 얼굴도 서로 다르지만 마음을 주고받은 인연 속에 그들은 다양한 인맥을 통해 가장 좋은 천주들을 소개시켜주곤 했다.

    티벳 사람들은 사실 외국인을 두려워한다. 중국에서 티벳은 조금 특별한 지역으로 정부의 감시하에 있기 때문이다. 하지만 그들도 사람이며, 그들 안에 맑은 영성이 있어 따뜻함으로 다가가면 조금이나마 마음의 문을 연다.

천주의 가치

"그 물건 얼마예요?"

이렇게 천주를 돈으로만 본다면 이는 얼마나 세속적인 것인가! 천주가 가지는 경제적 가치는 천주의 영적, 역사적, 예술적 가치와 비교해 극히 작은 부분에 지나지 않는다.

천주에 대해 줄곧 생각하면서 현대에서 천주의 어떤 요소들이 매력을 가지는지 고민하곤 한다. 왜냐하면 단순히 수장의 즐거움으로 그치는 게 아닌 그 매력을 향유하며 삶의 질을 높이는 데 예술의 본질적 의미가 있기 때문이다.

박물관과 같이 역사적 의미를 집중적으로 조명하는 곳에서는 유리창 안에 화려하게 조명하는 걸로 족하다.

그런데 개인이 수장함에 있어서 박물관과 같은 공간 확보를 하기 어려울 뿐더러, 유리창과 전용 조명 등을 구비하기란 부담스러운 일이다.

천주는 불교의 성물이자, 한 사람의 일생을 지켜주던 호신부였다. 거기에 그치는 게 아니라 티벳천주는 독특한 추상적 미감을 가지고 있다. 추상적이면서도 심플하다. 이는 현대의 미감과도 잘 어울린다. 현대 미감에 맞게 장식하여 착용하면 주변 사람들의 시선을 사로잡는 뛰어난 보석의 역할을 할 것이다.

티벳천주는 중국 고완의 한 갈래 큰 줄기를 이룰 만큼 역사가 깊고 다양하다. 정품이 적을 뿐, 수량 또한 결코 적지 않다.

경매에 나오면 수억 원 이상 호가하던데, 도대체 얼마인가?

일단 경매에서도 비싼 것만 기억하기에 비싸게 생각하지만, 경매에서도 수백만원에서 수십억원에 거래된다.

티벳천주 또한 중국 골동 시장상황과 맞물려 좋은 기물보다는 오래 되어 보이고, 어딘가 흠이 있어야 진품 대접을 받다 보니 보존상태도 좋지 않고 미적 아름다움이 떨어지는 기물이 높은 가격에 팔리기도 한다. 그렇기에 중국 골동 경매 결과는 참고만 할 뿐이다.

중국 골동시장이 안정된 후 티벳천주의 가격은 어떻게 형성될까?
중국도자기와 마찬가지로 천주도 희소성과 미적 아름다움, 역사적 의미에 따라 가치는 천차만별일 것이다. 수십만원~수십억 정도로 가격이 분포될 것으로 추측한다. 그 중 옛 법왕의 기물이나, 특히나 의미가 큰 천주는 수백억을 호가할 수도 있다.

천주를 감상하고 수장의 즐거움을 찾는데 무게를 두나, 천주의 가치 또한 홀시할 순 없다. 고완, 골동은 유형재산으로 그 가치가 크다. 그렇기에 천주 가치에 대해 문의하는 분들이 적지 않다.

무엇을 가지고 천주의 가격을 정해야 하는가?
심미적 아름다움, 희소성, 역사적 가치, 현대에 착용가능성에 따라 가격이 결정될 것이다.

티벳천주, 현대에 더욱 빛을 발하다

　연예인들은 현대의 패션을 주도해 간다. 중국 연예계에 티벳천주가 큰 인기이다. 이연걸, 한홍, 홍금보, 황성의, 한경, 황효명 등 유명인사들이 티벳천주의 매력에 빠져있다. 이들은 각종 드라마, 오락프로그램 등 방송에 출연해 수많은 관객들의 이목을 사로잡는다. 특히, 티벳천주는 다른 보석들과 달리 보석에 문양이 새겨져 있는데, 여기에 담긴 추상미는 현대에 미감에 비추어 조금도 어색하지 않다. 중국의 재력 있는 연예인들과 기업가들을 중심으로 경매에 높은 가격에 나오는 천주들도 더 높은 가격에 낙찰되곤 한다.

천주에 서린 은은한 매력은 다른 장식들과 함께 배치하여 착용

하여도 손색이 없다. 위는 캐나다 화교 친구가 사랑하는 보병 다루어 천주와 목주, 그녀가 천주에 자신의 마음을 담아 그린 작품이다. 단정하면서도 티벳불교의 종교적 색채가 느껴진다. 티벳의 녹송석, 홍산호, 밀랍 등 선명한 색채의 보석들과 배치해도 잘 어울리는데, 이는 천주가 화려함보다는 은은함을 간직하고 있기 때문이다. 티벳은 높은 고지로 태양빛이 강하게 쏟아져, 모든 색채들이 강렬하다. 이런 색채의 향연에서 최고 위치에 놓인 천주는 아마도 이 모든 색채를 조화시키는 역할을 했을 것이다.

천주의 도안은 수천 년을 이어온 옛 보석공예가들의 산물이다. 작은 공간에 균형감 있게, 모든 이들의 마음을 설레게 할 도안을 구상했던 그들의 작품이기에, 패션에 있어 도안이 가지는 가치는 무척 크다. 세계는 더욱 더 과학화, 자동화, 추상화되며 많은 이들이 점점 더 추상적인 아름다움을 사랑할 것이다. 선과 선들의 만남, 선과 점, 그리고 기본적인 도형들이 어우러져 독특한 미감을 만들어 낸 수백여 도안들은 현대 미감의 커다란 부분을 책임지리라 믿어 의심치 않는다.

중국 수장가 리꿔량李國良 선생님의 금강6안천주

천주를 바라보다

2017년 10월 29일 늦은 저녁 문득 천주를 바라보며 '한국수장가협회'에 남긴 감회이다.

때론 그저 아무 생각 없이 천주를 보곤 합니다.
그럼 청장고원의 푸른 산과 손에 닿을 듯한 하늘이 떠오릅니다.

티벳은 평균해발고도가 3700m, 히말라야 산자락에 닿아 있어 세계의 지붕이라 불리기도 합니다.

라싸의 사람들은 독특합니다.

하루 종일 전경통(경전이 담겨있는 회전 가능한 통)을 돌리며 제가 알아듣지 못하는 말들을 중얼거립니다.

한쪽 방향을 바라보며 오체투지 자세로 셀 수 없이 절하며 기도합니다.

일평생 10만번 이상을 해야 한다고 합니다.

역사 기록상 최초로 등장하는 티벳의 제국은 '토번'

토번은 고구려와 마찬가지로 유목 민족이다 보니 전투력이 무척 강했습니다.

당나라 서쪽엔 토번이, 동쪽에 고구려가 강성하게 버티며 수도 장안을 노렸습니다.

적의 적은 친구라고 고구려가 당나라에 승전했을 때 당시 토번 왕 송첸캄포는 오른팔이던 가르통첸을 축하사절로 보내기도 했습니다.

포탈라궁
뿜어져 나오는 황금빛
빛나는 저녁이 열립니다.

토번 전성기의 왕 '송첸캄포'
그는 당시 청장고원에 있던 토욕혼과 당나라를 밀어내고 대제국을 세웁니다.
그 기세가 어찌나 강했던지 당나라 명군이라 불리는 태종 이세민조차 문성공주를 시집보내 화친을 청할 정도였습니다.
용맹한 기세로 대륙을 횡단한 토번의 군사들
눈물 흘리며 자국을 떠나, 수없이 높은 산을 오르던 문성공주와 그녀를 모시던 행렬들
화친을 위해서 서로 노력하며
힘겨루기 하던 그들의 모습이 스쳐갑니다.

한 명은 앉아서, 한 명은 일어서서
일어선 이가 불교의 진리를 묻습니다.
앉은 이는 선이의 손바닥 치는 소리가 끝나기 전에 답을 해야 합니다.
모르면 일어서야 합니다.

속세의 사람들과 다른 붉은 장삼을 두른 이들.

이런저런 티벳 이야기들을 떠올리다
천주를 돌립니다.

같은 물질인데 조금만 돌리면 느낌이 바뀝니다.
사람의 얼굴도 생각을 돌리면 표정이 바뀝니다.

막막한 현실을 떠올리다 지쳐 천주를 바라보면
어느덧 청장고원의 푸른 창공을 날고 있습니다.

이 글을 읽고 한국수장가협회 부회장님이 남기신 댓글은 다음과 같다.

"티벳의 천주는 종류에 따라서
손에 넣고 돌리는 수행물인 염주라고 생각한다

몸에 지니고 천주와 함께
수행의 길을 가고 기도를 해본 사람은 안다

천주를 돌리면
얼마나 마음이 깊어지고 맑아지는지를

설산을 만나고 설산 위의 푸른 하늘을 만나게 된다
티없는 밤하늘의 별빛을 보게 한다

천주는 그 길의 경험을 위한 매개자이다

영적인 천주일수록 수행하는 사람을 도와 그 길을 함께 한다
공부하고 싶다면 영적인 천주를 만나라

천주가 부처이고 천주가 또 다른 스승이다"

에필로그

　티벳천주를 다년간 수장 및 연구하면서 더욱 그 신비 속에 빠져 들었다. 그 속에서 티벳사람들의 옛 모습들을 봤고, 더 나아가 밤하늘에 별을 공간 안에 넣고 싶어했던 선조들의 마음도 읽을 수 있었다. 홍산문명이라는 고대문명에서 시작된 천주의 기원은 현재의 티벳 아리 지역을 중심으로 번성했던 원시본교의 종교적 색채 속에 세상에 전파되었다. 밀교의 수호신들과 일평생 함께 하며 수행자의 삶을 살아간 그들의 삶이 천주 안에 고스란히 녹아 들어 현대에 신비의 보석으로 재조명되고 있다.
　천주의 중심지 티벳에도 직접 방문하여 천주를 유통시키는 상인들의 모습도 생생하게 눈에 담고, 시시때때로 티벳인 지인들과 정보를 공유하며 천주 관한 전반을 살폈다. 그러다 보니 중국의 기라성 같은 대수장가들도 천주에 관해선 필자에게 자문을 구하여, 여러 정보들을 공유했다. 중국의 저명한 예술평론가는 나의 천주

수장 경험에 대한 글을 자신의 웨이보에 실어 중국의 수많은 이들에게 전파하기도 하고, 중국의 영향력 있는 수장가는 홍산문명을 설명할 때 나의 홍산천주 연구결과를 인용했다. 티벳천주에 관해 정보가 부족한 한국에 블로그를 운영하며 많은 이들에게 천주문화를 알리고자 했던 소기의 목표를 달성했다. 감정을 의뢰한 분들, 지식의 공유를 희망하셨던 분들에게 도움이 됐으리라 생각한다. 이번엔 한국과 중국의 수많은 수장가, 학자, 상인들과 교류하며 얻은 천주에 대한 노하우들을 부족한 서면에 담았다.

티벳천주는 현대를 살아가는 고대 보석, 여기에 담긴 세 가지 매력을 언급하며 책을 마무리하고자 한다.

첫째, 독보적인 공예
보석 중에 도안이 새겨진 보석이 있는가?
천주는 하나의 재질로 이루어지거나 획일적이지 않아 제작방식을 하나로 일반화시킬 순 없다. 천주에 새겨진 추상적인 도안은 조각기법을 거쳐 염료 흡착기술로 발전했다.

마노는 경도 7로 준보석에 해당한다. 그저 아무런 공예를 거치지 않은 마노라면 큰 의미를 가지지 못한다. 그런데 마노만큼 다양한 형태로 깎고, 염료까지 흡착하여 문양을 내기에 안성맞춤인 재질도 없다. 수많은 암석 내면의 결과 현재는 실전된 독창적인 공예기법의 조화는 '천주'라는 보석을 탄생시켰다.

즉, 자연과 인간이 함께 만든 고대보석이다.

둘째, 유구한 역사

천주는 홍산문명시기에도 존재하며 현재까지 이르렀다. 특정시기인 상슝, 토번왕조 때 화려하게 꽃피웠다. 적어도 수천년에 이르는 역사성을 가지고 있다.

역사 문헌에 등장한 하나의 예로 당나라 사신이 토번국에 가서 보니, 왕을 비롯한 대신들이 천주로 이루어진 목걸이를 착용했다고 기록했다.

또한 당시에 하나의 천주는 좋은 말과 바꿨다고 한다.

셋째, 신비성

'천주'는 종교적 색채가 비교적 강하다. 거기에 청장고원이라는 보통 사람이 접근하기 어려운 지역에 그 뿌리를 두고 있다.

역사적 유구함과 맞물려 수많은 신화와 불가사의한 전설을 가지고 있다. 역병이 돌았을 때 부처께서 세상에 천주를 보내 이를 치유했다는 이야기도 전해진다.

그런데 단지 신비한 이야기로 그치는 게 아닌, 실제 티벳 전통의학서적인 『사부의전四部医典』에선 천주를 광물약재로 설명하고 있다.

또한 재액을 멀리하고 복을 부른다는 신화와 전설들이 있는데, 현재에도 천주를 착용하고 좋은 일들이 많이 생겼다는 경험담들이 중국 곳곳에서 들려오고 있다.

천주가 가진 신비함이 현실에도 드러나고 있다는 사실이 그 신비함을 신성함으로 바꾸기도 한다.

끝으로 티벳천주의 세계를 열어주신 은사 박찬 선생님, 첫번째 독자이자 항상 응원해주는 사랑하는 가족들, 문물의 가치를 바로 세우려는 한국수장가협회, 아낌없는 격려를 보내주신 중국의 대수장가 분들께 감사의 말씀을 전한다.

티벳천주, 작은 공간에 담긴 큰 세계

초판 1쇄 2018년 6월 22일

지은이 | 이경재

펴낸곳 | 한국전자도서출판
발행인 | 고민정
주　소 | 서울특별시 중구 을지로 14길 20, 5층 출판그룹 한국전자도서출판
홈페이지 | www.koreaebooks.com
이메일 | contact@koreaebooks.com
전　화 | 1600-2591
팩　스 | 0507-517-0001
원고투고 | edit@koreaebooks.com
출판등록 | 제2017-000047호

ISBN 979-11-86799-21-5 (03630)

Copyright 2018 이경재, 한국전자도서출판 All rights reserved.

본 책 내용의 전부 또는 일부를 재사용하려면 목적여하를 불문하고
반드시 출판사의 서면동의를 사전에 받아야 합니다.
위반 시 민·형사상 처벌을 받을 수 있습니다.

잘못된 책은 구입처에서 바꿔드립니다.
저자와의 협의 하에 인지는 생략합니다.
책값은 본 책의 뒷표지 바코드 부분에 있습니다.

한국전자도서출판은 출판그룹 한국전자도서출판의 출판브랜드입니다.